I libri di Luciano De Crescenzo

Dello stesso autore

nella collezione I libri di Luciano De Crescenzo

Così parlò Bellavista
Raffaele
Zio Cardellino
Oi Dialogoi
Storia della filosofia greca - I
Storia della filosofia greca - II
Vita di Luciano De Crescenzo scritta da lui medesimo
Elena, Elena, amore mio
I miti dell'amore
I miti degli eroi
I miti della guerra di Troia
Usciti in fantasia
Panta rei
Ordine e disordine
Nessuno
Il tempo e la felicità
Le donne sono diverse
La distrazione
Tale e quale
Storia della filosofia medioevale
Storia della filosofia moderna - Da Cusano a Galilei
Storia della filosofia moderna - Da Cartesio a Kant
I pensieri di Bellavista
Il pressappoco
Il caffè sospeso
Socrate e compagnia bella
Ulisse era un fico
Tutti santi me compreso

nella collezione Passepartout

Il dubbio
Socrate
Sembra ieri

nella collezione Illustrati

La Napoli di Bellavista

Luciano De Crescenzo

FOSSE 'A MADONNA!

Storie, grazie, apparizioni della mamma di Gesù

MONDADORI

Fosse 'a Madonna!
di Luciano De Crescenzo
I libri di Luciano De Crescenzo

ISBN 978-88-04-62114-0

© 2012 Arnoldo Mondadori Editore S.p.A., Milano
I edizione maggio 2012

Indice

9 *'A Madonna d' 'e mandarine* di Ferdinando Russo
11 *Introduzione*

MARIA NELLE SCRITTURE

21 La Madonna nei Vangeli
24 La Madonna nei Vangeli apocrifi
30 La Madonna dei teologi e dei filosofi
34 Le madonne dei poeti

MARIA NEI MIEI RICORDI

46 Madonna dell'Arco
50 La Madonna del Carmine
54 La recita del Rosario

MARIA CHE APPARE

63 La Madonna di Lourdes
72 La Madonna di Fátima
78 Le Madonne piangenti

MARIA IN GIRO PER L'ITALIA E PER IL MONDO

87 Le Madonne nere
98 Madonna di Positano
103 La Madonna della 'ndrangheta

108 I madonnari
112 La Madonna incinta

MARIA NEL LINGUAGGIO
117 Non nominare Maria invano
121 Lassa fa 'a Madonna
127 'A Madonna v'accumpagna

Fosse 'a Madonna!

'A Madonna d' 'e mandarine
di Ferdinando Russo

Quanno 'n cielo 'n angiulillo
nun fa chello c'ha da fà,
'o Signore int'a na cella
scura scura 'o fa nzerrà.

Po' se vota a 'n ato e dice:
Fa venì a san Pietro ccà!
E San Pietro cumparisce:
Neh, Signó, che nuvità?

Dint' 'a cella scura scura
'n angiulillo sta nzerrato:
miettammillo a pane e acqua
pecché ha fatto nu peccato!

E san Pietro acala 'a capa
e risponne: Sissignore!
Dice Dio: Ma statt'attiento
ch'ha da stà vintiquatt'ore!

L'angiulillo, da llà dinto,
fa sentì tanta lamiente...

Meh, Signó, dice san Pietro,
pe' sta vota… nun fa niente.

Nonzignore! Accussì voglio!
Statte zitto! Dice Dio;
si no ognuno se ne piglia!
'N Paraviso cumann' io!

E san Pietro avota 'e spalle.
Da la cella scura scura
l'angiulillo chiagne e sbatte,
dice 'e metterse paura!

Ma 'a Madonna, quanno ognuno
sta durmenno a suonne chine,
annascuso 'e tutte quante
va e lle porta 'e mandarine.

Introduzione

Confesso che mi sarebbe piaciuto trovarmi un giorno la Madonna di fronte, ma purtroppo credo di non avere il curriculum adatto. Molte speranze le ho perse quando ho scoperto che la Vergine non è mai apparsa né a ingegneri né a scrittori. A peggiorare le cose, c'è il fatto che nella mia vita non sono mai stato un pastorello. A questo punto non mi restava che una soluzione: dovevo farmi vivo io con Lei. E l'unico modo per provarci era dedicarle un libro. Un buon libro può fare un miracolo? Secondo me può sciogliere il sangue nelle vene del lettore. Così, mi sono immaginato in una nuvoletta che piano piano si dissolve e mi sono visto di fronte alla Madonna.

"Ma tu non sei Luciano De Crescenzo?"

"Sono io."

"Che fai, mi appari? Questo è un prodigio!"

"No, i prodigi non li so fare. Diciamo che è stata la voglia forte di conoscerLa a farmi scrivere questo libro e a portarmi qui."

"Dammi pure del tu."

"La ringrazio. Lei, anzi Tu, sei molto gentile. A dire la verità, questa libertà me l'ero già presa da sola molti anni fa quando imparai una poesia: *'A Madonna d' 'e mandarine*. Per me è sempre stata una scorciatoia per parlarTi direttamente."

"Ne senti spesso il bisogno?"

"Io sono uno scettico, ma uno scettico di razza bugiarda. Sostanzialmente non credo, eppure non credo che mi piacerebbe sapere che Tu non esisti per niente."

"Dall'accento direi che sei di Napoli."

"A parte il certificato di residenza, non c'è una molecola del sottoscritto che non sia napoletana. A Napoli devo tutto: la fortuna che mi è toccata nella vita e forse anche la faccia tosta di pensare che potevo apparire a Te."

"Adesso vuoi che in questo luogo faccia costruire un santuario a tuo nome?"

"Un po' vanitoso lo sono, ma grazie lo stesso: non è il mio scopo. Te l'ho detto, con questo libro volevo conoscerTi e chiederTi due piccoli favori."

"Dimmi pure. Se posso..."

"Lassù, per piacere, non Vi dimenticate mai di Napoli e dei napoletani, non lo meritano. E poi ne ho un secondo più personale da chiederTi. Puoi avvertire mio padre, e soprattutto mia madre, che ho scritto questo libro dedicandolo a Te? Non so spiegarTi bene il motivo, ma so che ne saranno felici. Magari anche più felici di avermi avuto come figlio di quanto non lo siano già."

"D'accordo, farò di tutto per accontentarti. Poi, in ogni caso, caro De Crescenzo, io e te dobbiamo incontrarci ancora. Ti toccherà apparirmi nuovamente."

"Fosse 'a Madonna!"

"Come? Ti riferivi a me?"

"No, scusa, è un modo di dire di noi napoletani. E come mai avrò la fortuna di rivederTi?"

"Una copia del libro con la dedica vuoi darmela o no?"

A Napoli, chissà perché, la Madonna è più amata di Gesù e forse anche dello stesso san Gennaro. Dalle mie parti dire: "Fosse 'a Madonna!" è come esclamare: "Lo volesse il cielo!", significa rivolgersi al personaggio più importante del paradiso e non c'è napoletano che non abbia pronunciato questa frase almeno un centinaio di volte nel corso della vita. Sono convinto che Lei, la Madonna, dall'alto dei cieli, la capisca benissimo e che si dia sempre un gran da fare ogni volta che qualcuno di noi la invoca.

Provateci anche voi e vi accorgerete subito della differenza che passa tra il chiedere aiuto alla Madonna o a un altro santo. E non basta: mi ricordo di averla pregata un giorno perché facesse vincere il Napoli e che Lei, la Beata Vergine, si tramutò in ala sinistra e segnò addirittura un gol. Me la ricordo ancora con l'aureola dietro la testa e la gonna celeste che correva come una freccia verso la porta della Fiorentina. Già quando ero ragazzino, tantissime volte, prima di andare a scuola, mi inginocchiavo di fronte al piccolo dipinto della Madonna appeso alla parete della stanza dei miei genitori per scongiurarla di non farmi interrogare.

"Fosse 'a Madonna!" è infatti nel medesimo tempo una dichiarazione di fede e una richiesta di aiuto. Ora, però, non vorrei che a causa di questo inizio, tutto a favore della Madonna, san Gennaro si offendesse. Ma vi assicuro che per il fatto di aver visto con i miei occhi, anzi, sentito con le mie orecchie, almeno un centinaio di bombardamenti sulla città di Napoli, so quello che dico. La madre di Gesù era in testa a tutte le classifiche di invocazione dei miei parenti, durante la guerra. Seguita a distanza dal Padreterno e da san Gennaro. Ora io dico, se si rivolgevano proprio a Lei quando cadevano le bombe, un motivo valido ci doveva essere. Forse sapevano che era la più indicata, anche perché non perdeva tempo. Una volta invocata, la Madonna si metteva subito a disposizione.

"Fosse 'a Madonna!" funziona sempre, per il calcio, per l'amore, per le bombe e chissà per quante altre richieste difficili. Se poi la scriviamo tutta con le lettere maiuscole, "FOSSE 'A MADONNA!" dovrebbe funzionare anche per il denaro. Un giorno dovevo telefonare alla banca, ma sbagliai il numero, e alla mia domanda: "Pronto, parlo col Banco di Napoli?", qualcuno dall'altra parte rispose: "Fosse 'a Madonna!".

Ma chi era la Madonna? Quando nacque e dove?

La data di nascita non ce l'abbiamo. Ma non sbagliamo di molto se collochiamo il giorno in cui è nata intorno al 20 avanti Cristo, anno più anno meno. Sappiamo che era di Nazareth e che divenne madre per la prima volta certamente nei dintorni di Betlemme. Apparteneva alla tribù ebraica di Giuda e i suoi genitori si chiamavano Anna e Gioacchino. Visse per molti anni nella stessa Nazareth con Giuseppe, l'uomo che l'aveva sposata.

Quando andavo a scuola, un giorno alla recita di Natale toccò a me il ruolo di san Giuseppe. Non dimenticherò mai né il freddo che faceva nella grotta in cui recitavamo, né l'antipatia della ragazzina che interpretava la Madonna. Si chiamava Gertrude e credeva sul serio di essere la madre di Gesù. Quando io, come uno stupido, cercai di darle un bacio, lei subito mi dette una spinta e mi disse: "Sei uno schifoso, ci hai messo pure la lingua. Tu non puoi fare san Giuseppe, tu nel presepe al massimo puoi fare l'asino".

Mi sono chiesto spesso se la Madonna e san Giuseppe andassero sempre d'accordo, o se ogni tanto qualche litigata l'hanno fatta pure loro. Si sa che l'amore non basta a garantire la pace, perché c'è il momento in cui ognuno aspira invece alla libertà. Purtroppo accade che, appena acchiappiamo l'amore, ci perdiamo la libertà. L'ottimo sta forse a metà strada, si chiama amicizia. Tra la Madonna e Giuseppe ci fu sicuramente molta amicizia, e da parte di Giuseppe anche molta comprensione. Lui doveva essere un uomo assai moderno. Sapeva che sua moglie avrebbe avuto un figlio e sapeva che non poteva essere suo. Certo, si racconta di una piccola scenata, ma poi il brav'uomo si convinse e restò accanto a sua moglie.

Ogni donna a cui vogliamo attribuire un elemento di santità e di purezza, in fondo, la avviciniamo alla Madonna. Prendiamo la parola "Monna", che naturalmente ci fa venire in mente la *Monna Lisa* di Leonardo. È una forma abbreviata di Madonna ed era usata nel Rinascimento quando ci si rivolgeva a delle signore di cui si aveva grande rispetto. Escludo invece che il nome Moana, che mi fa pensare a Moana Pozzi, pace all'anima sua, abbia la stessa origine.

Come forse sapete, questo libro l'ho scritto dopo avere affrontato, nel volume precedente, le vite di alcuni santi. Quindi, con le Madonne, ho scelto di mettermi nuovamente di fronte alla questione religiosa e al mio modo di viverla. In passato, ho dichiarato di sentirmi non un credente, ma uno sperante, in quanto da sempre sono un convinto frequentatore del dubbio. Qualche altra volta mi sono definito un ateo-cristiano. Sissignore, e non pensiate che sia una contraddizione o una assurdità. Mi sento ateo-cristiano perché da una parte non credo nell'esistenza di un Dio, dall'altra il mio ideale di vita è quello cristiano, e infatti tutte le volte che posso cerco di ispirarmi a Gesù, che ritengo la figura storica più importante mai apparsa sulla Terra. Per il resto, la reincarnazione è una questione che non mi ha mai appassionato troppo. Non solo per una forma di scetticismo materialista, ma soprattutto perché le teorie sulla reincarnazione prevedono l'oblio delle vite passate. Ma allora mi chiedo: che me ne faccio della reincarnazione se non posso ricordare chi ero? Se per caso in un'esistenza precedente sono stato Giovanna la pazza, Luigi Vanvitelli o il cardinale Richelieu, scusate ma ho bisogno di saperlo, per non perdermi lo sfizio di andarlo a raccontare in giro.

Ora, però, vorrei che si sappia che poche religioni al mondo hanno una figura che somigli davvero alla nostra Madonna. E questo perché un po' dovunque esiste una certa disistima nei confronti delle donne. Gli antichi greci, per fare un esempio, non apprezzavano affatto Giunone e la consideravano una specie di *squaw* al servizio di Giove. Pare invece che dalle parti del Polo Nord esista un piccolissimo popolo che crede in una specie di Olimpo abitato solo da figure femminili. Voglio prima accertarmene, e se è così mi trasferisco là e comincio subito a pregare anch'io.

La fede cristiana di Madonne ne ha tantissime. Qualcuno che si è tolto lo sfizio di contarle sostiene che siano addirittura 832. Ma altri sparano numeri ancora più esagerati e dicono che ce ne sono decine di migliaia in tutto il mondo, molte migliaia nella sola Spagna. Di sicuro, tra queste c'è la Madonna a cui forse io sono più affezionato, quella di Pompei.

Nella zona del Vasto a Napoli, il quartiere in cui sono nato, la Madonna viene anche chiamata "Immacolata Concezione". A mio avviso, la Chiesa commette un errore quando suggerisce alla gente questo appellativo. È come attribuire una specie di colpa a tutte le nostre mamme per il solo fatto che ci hanno concepito, come sospettare che non siano immacolate. Anzi, sono cer-

to che proprio mia madre, in quanto a colpe, sia stata l'essere umano più simile alla Madonna. Adesso qualcuno potrebbe chiedermi: "Ma sei davvero così sicuro che tua madre oggi stia in paradiso?".
"Sicurissimo!"
"E se non c'è?"
"Allora vuol dire che non c'è il paradiso."

MARIA NELLE SCRITTURE

La Madonna nei Vangeli

A molti di voi sembrerà strano, ma nei Vangeli non si parla molto della Madonna. Nessuno ha dubbi sul fatto che proprio Lei fosse la madre di Gesù, però, per quanto riguarda il suo passato, per esempio gli anni della gioventù, diciamo la verità, c'è scritto veramente poco.

Se mi chiedessero chi è il mio evangelista preferito, risponderei senza dubbio Marco. Secondo me era il più intelligente dei quattro e per come la vedo io gli altri tre potevano limitarsi a copiare quello che aveva scritto lui. Fatto questo chiarimento, parto proprio dal suo Vangelo. C'è però un passo che mi ha sempre fatto riflettere, quello in cui si parla dell'episodio avvenuto a Cafarnao, nelle vicinanze di Betlemme. Sembra, infatti, che un giorno Gesù fosse stato circondato da una folla di seguaci e che uno di loro gli avesse detto:

"Maestro, tua madre e i tuoi fratelli (sissignori, Gesù aveva anche dei fratelli, i figli del primo matrimonio di Giuseppe) ti stanno aspettando a casa, vai subito da loro".

Ma Gesù non si scompose troppo, anche perché per lui il dovere nei confronti del Padre e della sua missione tra gli uomini veniva prima di ogni altra cosa al mondo.

Il dovere nei confronti del padre, a dire la verità, ce l'avevo anch'io. A me da ragazzo piaceva molto giocare a pallone. Ero un po' scarso e non c'era nemmeno bisogno che gli altri me lo facessero notare: lo capivo anche da solo. Ma riuscivo lo stesso a trovare un posto nelle squadrette degli amici. Il mio segreto stava in un accordo che avevo fatto con i compagni più bravi: io passavo i compiti di matematica e loro mi passavano il pallone come se fossi una grande ala sinistra. E fin qui andava tutto bene, avevo trovato il modo per non sembrare tanto una schiappa. Il guaio, però, nasceva non appena tornavo a casa. Come sanno tutti i ragazzi che hanno giocato a pallone per strada, si rischia di rientrare a casa alquanto malconci e a volte anche con le scarpe rotte. Mio padre, allora, ancora prima che si accorgesse delle scarpe, era già furibondo. Appena arrivavo mi accoglieva con una frase immancabile: "Tu stai sudato!".

"No, papà, non sto sudato."
"Tu stai sudato!"
"No, non sto sudato."
"E io ti dico che tu stai sudato!"
"E io ti dico che non sto sudato."

Un po' di aiuto lo trovavo nel tavolo della cucina, attorno al quale correvo per sfuggirgli, ma mio padre non arrestava il suo inseguimento. Dopo un po' ero costretto a fermarmi e a quel punto ero per forza sudato. Allora papà gridava: "Stu fetente! Stu zuzzuso! E diceva ca nun steve sudato!".

Il Vangelo di Luca, il terzo dei quattro, è quello che offre più spazio alla figura della Madonna. Luca racconta che fu proprio l'arcangelo Gabriele il primo ad annunciare a Maria la nascita di Gesù. Sembra, infatti, che un giorno, senza nemmeno bussare alla porta, l'arcangelo si presentò a casa della Madonna e le disse: "Ti saluto, o signora piena di grazia: Dio è con te. Tu un giorno concepirai un figlio che sarà chiamato Gesù. Nel giro di pochissimi anni Gesù sarà il più amato tra tutti gli uomini".

Allora la Madonna, alquanto stupita, chiese all'arcangelo: "Ma come potrò io avere un figlio se non sono mai stata con un uomo?".

E Gabriele le rispose: "Tutto questo accadrà perché lo Spirito Santo ti avvolgerà con la sua immensa luce. Il nascituro sarà chiamato da tutti *figlio di Dio*".

La Madonna gli disse: "Grazie. Che tutto avvenga come tu hai detto".

A mia madre l'annuncio del grande amore fu dato da 'onna Amalia 'a Purpessa, una donna enorme che a Santa Lucia, la zona di Napoli in cui abitavamo, si occupava di combinare matrimoni. Quando 'onna Amalia si convinse che erano fatti l'uno per l'altra né mio padre né mia madre erano più giovanissimi e questo la indusse in un errore: mentre mostrava a mia madre la fotografia del suo futuro marito, le disse sospirando: "E vabbè, vi potete sempre fare compagnia".

La Madonna nei Vangeli apocrifi

La maggior parte delle notizie biografiche su Maria dobbiamo cercarcele nei cosiddetti Vangeli apocrifi, cioè quegli scritti sulla vita di Gesù che non furono inseriti nel canone della Bibbia. Spesso venivano letti in segreto dalle comunità cristiane, perché si riteneva che contenessero questioni troppo audaci. Ce n'è uno in particolare che racconta la vita della Madonna e che offre molti dettagli sulle sue origini e su quelle della sua famiglia. Si tratta del Protovangelo di Giacomo, che fu scritto nel secondo secolo dopo Cristo. Anche questo non fu incluso dalla Chiesa tra i libri della Bibbia ufficiale. Giacomo scrisse in greco il suo testo e fu il primo a sostenere la tesi della verginità della Madonna.

> Quando giunse per lei il sesto mese, ecco che Giuseppe tornò dalle sue costruzioni e, entrato in casa, la trovò incinta. Allora si picchiò il viso, si gettò a terra sul sacco e pianse amaramente, dicendo: "Con quale faccia guarderò il Signore, Dio mio? Che preghiera innalzerò io per questa ragazza? L'ho infatti ricevuta vergine dal tempio del Signore, e non l'ho custodita. Chi è che mi ha insidiato? Chi ha commesso questa disonestà in casa mia, contaminando la vergine?

Si è forse ripetuta per me la storia di Adamo? Quando, infatti, Adamo era nell'ora della dossologia, venne il serpente, trovò Eva da sola e la sedusse: così è accaduto anche a me".

Giuseppe si alzò dal sacco, chiamò Maria e le disse: "Prediletta da Dio, perché hai fatto questo e ti sei dimenticata del Signore, tuo Dio? Perché hai avvilito l'anima tua, tu che sei stata allevata nel santo dei santi e ricevevi il cibo dalla mano d'un angelo?".

Essa pianse amaramente, dicendo: "Io sono pura e non conosco uomo".

Giuseppe le domandò: "Donde viene dunque ciò che è nel tuo ventre?".

Essa rispose: "Come è vero che vive il Signore, mio Dio, questo che è in me non so d'onde sia".

Questo povero Giuseppe dovevano farlo santo per forza. Ma il Protovangelo di Giacomo non si ferma qui, spiega anche che la verginità di Maria, che esisteva già quando conobbe e sposò Giuseppe, misteriosamente si conservò anche durante e dopo il parto. Vi garantisco che di tutta questa storia nei Vangeli canonici, cioè i quattro Vangeli ufficiali, si parla pochissimo. Anzi, quasi per niente.

Venne un ordine dall'imperatore Augusto affinché si facesse il censimento di tutti gli abitanti di Betlemme della Giudea. Giuseppe pensò: "Io farò recensire tutti i miei figli; ma che farò con questa fanciulla? Come farla recensire? Come mia moglie? Mi vergogno. Come mia figlia? Ma, in Israele tutti sanno che non è mia figlia. Questo è il giorno del Signore, e il Signore farà secondo il suo beneplacito".

Sellò l'asino e vi fece sedere Maria: il figlio di lui tirava la bestia e Giuseppe li accompagnava. Giunti a tre miglia, Giuseppe si voltò e la vide triste; disse tra sé: "Probabilmente quello che è in lei la travaglia". Voltatosi nuovamente, vide che rideva. Allora le domandò: "Che cosa hai, Maria, che vedo il tuo viso ora sorridente e ora rattristato?". Maria rispose a Giuseppe: "È perché vedo, con i miei occhi, due popoli: uno piange e fa cordoglio, l'altro è pieno di gioia e esulta".

Quando giunsero a metà strada, Maria gli disse: "Calami giù dall'asino, perché quello che è in me ha fretta di venire fuori". La calò giù dall'asino e le disse: "Dove posso condurti per mettere al riparo il tuo pudore? Il luogo, infatti, è deserto".

Trovò quivi una grotta: ve la condusse, lasciò presso di lei i suoi figli e uscì a cercare una ostetrica ebrea nella regione di Betlemme.

Io, Giuseppe, camminavo e non camminavo. Guardai nell'aria e vidi l'aria colpita da stupore; guardai verso la volta del cielo e la vidi ferma, e immobili gli uccelli del cielo; guardai sulla terra e vidi un vaso giacente e degli operai coricati con le mani nel vaso: ma quelli che masticavano non masticavano, quelli che prendevano su il cibo non l'alzavano dal vaso, quelli che lo stavano portando alla bocca non lo portavano; i visi di tutti erano rivolti a guardare in alto.

Ecco delle pecore spinte innanzi che invece stavano ferme: il pastore alzò la mano per percuoterle, ma la sua mano restò per aria. Guardai la corrente del fiume e vidi le bocche dei capretti poggiate sull'acqua, ma non bevevano. Poi, in un istante, tutte le cose ripresero il loro corso.

Vidi una donna discendere dalla collina e mi disse: "Dove vai, uomo?". Risposi: "Cerco una ostetrica ebrea". E lei: "Sei di Israele?". "Sì" le risposi. E lei proseguì: "E chi è che partorisce nella grotta?". "La mia promessa sposa" le risposi. Mi domandò: "Non è tua moglie?". Risposi: "È Maria, allevata nel tempio del Signore. Io l'ebbi in sorte per moglie, e non è mia moglie, bensì ha concepito per opera dello Spirito Santo".

La ostetrica gli domandò: "È vero questo?". Giuseppe rispose: "Vieni e vedi". E la ostetrica andò con lui. Si fermarono al luogo della grotta ed ecco che una nube splendente copriva la grotta. La ostetrica disse: "Oggi è stata magnificata l'anima mia, perché i miei occhi hanno visto delle meraviglie e perché è nata la salvezza per Israele". Subito dopo la nube si ritrasse dalla grotta, e nella grotta apparve una gran luce che gli occhi non potevano sopportare. Poco dopo quella luce andò dileguandosi fino a che apparve il bambino: venne e prese la poppa di Maria, sua madre.

L'ostetrica esclamò: "Oggi è per me un gran giorno, perché ho visto questo nuovo miracolo".

Uscita dalla grotta l'ostetrica si incontrò con Salome, e le disse: "Salome, Salome! Ho un miracolo inaudito da raccontarti: una vergine ha partorito, ciò di cui non è capace la sua natura". Rispose Salome: "(Come è vero che) vive il Signore, se non ci metto il dito e non esamino la sua natura, non crederò mai che una vergine abbia partorito".

Entrò l'ostetrica e disse a Maria: "Mettiti bene. Attorno a te, c'è, infatti, un non lieve contrasto". Salome mise il suo dito nella natura di lei, e mandò un grido, dicendo: "Guai alla mia iniquità e alla mia incredulità, perché ho tentato il Dio vivo ed ecco che ora la mia mano si stacca da me, bruciata".

Come vedete, i temi e i racconti del Protovangelo di Giacomo si spingono molto oltre i confini dei Vangeli ufficiali. Eppure, solo qui si affronta chiaramente la questione della verginità di Maria. Il Protovangelo di Giacomo ne dà una vera e propria versione dei fatti, con personaggi e circostanze. Se sono autentici o inventati, questo noi non possiamo saperlo. Aggiungo pure che la lettura di testi come questo danno una maggiore umanità alle figure che normalmente si incontrano nei Vangeli. Quante volte ci siamo chiesti: "Ma questo benedetto san Giuseppe non è mai stato geloso? Non ha mai avuto dubbi?".

Sappiate che dobbiamo ringraziare san Giacomo anche perché ci dà notizia della grotta, cioè del luogo nel quale Maria diede alla luce Gesù. Ebbene, il suo Protovangelo è l'unica fonte in cui si parla di una grotta. Eppure, la tradizione dei secoli successivi ha scelto questa versione, se ne è sinceramente affezionata e ha fatto della grotta e del presepe uno dei grandi simboli della Natività di Cristo.

Nel mio presepe il pastore della meraviglia è Benino che non ha voglia di lavorare e che dorme sempre e questo è il padre di Benino che pascola le pecore e queste sono le pecore e questo è il cacciatore con il fucile e questo è il prete che legge il giornale e questa è la lavandaia che fa il bucato e questi sono i suonatori di cornamuse e questa è la trattoria e queste sono le stelle e questa è la luna e questa è la grotta e questi sono il bue e l'asinello e questi sono i Re Magi e questo è san Giuseppe e questa è la Madonna e questo è il Bambino Gesù e questo sono io, un po' avvilito in verità perché guardandomi allo specchio mi sono accorto che mentre il presepe è rimasto lo stesso, io invece mi sono alquanto invecchiato. Ora però qualcuno mi potrebbe dire che quando nacque Gesù i giornali non erano stati ancora inventati, che i fucili non c'erano e che forse non esistevano nemmeno le lavandaie. Resta il fatto, però, che io, il presepe, è sempre così che me lo sono immaginato e ora guai a volermelo cambiare. Ciò detto amici miei carissimi, dovete sapere che quando nacque Gesù accaddero fatti incredibili. Tutto il mondo si fermò per un attimo, gli uccelli si bloccarono in aria, i fiumi si rifiutarono di scorrere, i pesci smisero di nuotare, i fiocchi di neve restarono sospesi a metà strada tra il cielo e la terra, le piante non crebbero più come prima e il pastore della meraviglia rimase a bocca aperta a guardare il Bambino Gesù. E anche noi, figli, nipoti e vicini di casa restavamo a bocca aperta a sentire zio Alfonso che, uno alla volta, ci presentava i pastori del presepe.

Ora, però, se dovessi chiedere a Nostro Signore un solo miracolo, uno di numero, gli chiederei di regalarmi un sottofondo musicale, una cosa cioè che mi avvisasse in tempo dei pericoli che sto per correre e soprattutto delle volte in cui mi sto per innamorare. Per i pericoli basterebbe un urlo e per l'amore il suono di un violino.

La Madonna dei teologi e dei filosofi

Maria è una figura importante della teologia cristiana e cattolica, ma dovete sapere che questo è un fatto piuttosto recente. Per la Chiesa medievale, invece, non lo era per niente e tutto questo perché era una femmina e, quindi, in quanto tale, non meritevole di alcuna devozione. Il suo ruolo comincia a venire fuori solo un paio di secoli fa per merito di alcuni papi che le hanno manifestato apertamente il loro affetto.

Nel Medioevo le dispute sulla dottrina erano molto più numerose di oggi; si cercava sempre un pretesto per litigare. Una delle questioni più dibattute fu il peccato originale. Secondo alcuni era stato un peccato e secondo altri no. Venne fuori, ad esempio, un certo Pelagio, un teologo inglese, che sostenne il principio secondo cui oggi esageriamo a sentirci in colpa per un peccato che non abbiamo commesso noi. Detto in parole povere, Pelagio pensava: "Ammettiamo pure che è stato Adamo a mangiare la mela e ammettiamo che Dio se l'è presa con lui, noi che c'entriamo?". A quel punto, però, sant'Agostino entrò in polemica con lui, la sua convinzione era che il peccato originale pesasse sull'intera umanità. Forse la faceva un po' tragica, secondo me lo faceva apposta. Anche per sottolineare un concetto che prima di lui nessuno aveva veramente messo in evidenza: la purezza di Maria. Ecco, diciamo che sant'Agostino salvava soltanto Lei. Nessuno aveva mai parlato della Madonna ponendola così in alto rispetto agli altri uomini.

"Noi tutti nasciamo già peccatori" diceva. "Maria non ha peccato, lei col peccato non c'entra."

Poi un giorno un patriarca di Costantinopoli, di nome Proclo, dette ragione a sant'Agostino. Sostenne che la maternità di Maria fosse interamente di natura divina. La sua venerazione per la Madonna era davvero totale. A Lei, infatti, dedicò questi bellissimi versi:

O Vergine, fanciulla
senza esperienza di nozze
e madre
senza corruzione di parto,
dove hai preso la lana
con cui preparasti il vestito
che oggi ha indossato
il padrone del mondo?

Ora non dovete pensare che Proclo sospettasse che la Madonna aveva rubato della lana per fare un vestito a Gesù. Coi suoi versi, infatti, lui voleva solo mettere in evidenza la divinità della nascita, per poi definire la nostra Maria "universo verdeggiante e incorruttibile".

A questo punto, però, va detto che la devozione nei confronti di Maria e dell'Immacolata Concezione nasce nella Chiesa d'Oriente. Già intorno al quinto secolo si celebravano delle festività in suo onore e addirittura si risaliva alla Concezione di sant'Anna, la madre della Madonna. Perché anche la sua gravidanza, come racconta il Protovangelo di Giacomo, si presentò nella donna in assenza di un uomo. A partire dall'ottavo secolo, la tradizione collocò la celebrazione l'8 dicembre.

La Chiesa d'Occidente accoglie questa festività della Madonna a partire dal decimo secolo. Ma la vera diffusione del culto avvenne solo alcuni secoli dopo, a partire dal 1400. Furono i francescani a espandere un vero e proprio culto mariano. Al punto che il papa Sisto IV, che era un francescano, sul finire del quattordicesimo secolo fece edificare nella basilica di San Pietro una cappella interamente dedicata a Maria. Fece le cose per bene, perché chiamò gli artisti migliori della sua epoca. La volta e le pareti furono affidate a un certo Michelangelo Buonarroti, che diede il meglio di sé per affrescare quel tempietto poi diventato immortale col nome di Cappella Sistina.

Ho sempre pensato che una delle più grandi rivoluzioni della storia dell'uomo sia quella avvenuta nel quindicesimo e sedicesimo secolo. Riguardò tutte le più importanti aree culturali: la filosofia con Marsilio Ficino e Francesco Bacone, la geografia con Cristoforo Colombo e Amerigo Vespucci, l'astronomia con Copernico, Keplero e Galilei, la politica con Machiavelli e Guicciardini, la religione con Lutero e Calvino, l'arte con Leonardo, Raffaello e, appunto, Michelangelo. Perché si sappia, tutto questo è passato alla storia col nome di Umanesimo e di Rinascimento.

Lo slogan del Medioevo, cioè il periodo che aveva preceduto tutto questo, era stato: "Siamo nati per soffrire". Nel Rinascimento c'era invece il ritornello di Lorenzo il Magnifico: "Chi vuol esser lieto sia". La vita infatti tornò a essere fatta di evasione, cultura, gioco e passeggiate con gli amici. Fino a quel momento, l'unico uomo che sapesse leggere e scrivere era stato il monaco o il prete che, oltre a dire messa, aveva fatto il medico, lo psicanalista e il farmacista. Mai, però, lo scienziato, anche perché la scienza non era ben vista dalle autorità ecclesiastiche. Durante il Medioevo, la Fede aveva battuto la Ragione due a zero. Il percorso obbligato per un cattolico era casa e chiesa, chiesa e casa, e guai ad allontanarsi anche di un metro. Ma a Napoli si dice: "Dalli e dalli, si scassano pure i metalli". E così un bel giorno la Ragione riuscì a pareggiare.

Il litigio sul peccato originale continuò anche dopo la morte di sant'Agostino. Le cose alla fine del secolo le sistemò Duns Scoto, filosofo scozzese del tredicesimo secolo, da molti definito appunto "Dottore dell'Immacolata". Secondo lui la Madonna non nacque col peccato originale poi cancellato dal ruolo di madre di Dio: Lei era già nata priva di peccato.

Alla fine, fu Pio IX, nel 1854, a chiudere ogni discussione e a stabilire con l'enciclica *Ineffabilis Deus* il dogma dell'Immacolata Concezione che poneva la Madonna su un piano ufficialmente più alto rispetto a quello avuto in precedenza. Sostenne, in pratica, che Maria nella sua vita non aveva mai commesso nessun peccato.

> Dichiariamo, affermiamo e definiamo la dottrina che sostiene che la Beatissima Vergine Maria nel primo istante della sua concezione, per una grazia ed un privilegio singolare di Dio onnipotente, in previsione dei meriti di Gesù Cristo Salvatore del genere umano, è stata preservata intatta da ogni macchia del peccato originale, e ciò deve pertanto essere oggetto di fede certo ed immutabile per tutti i fedeli.

Molti di voi, infine, ricordano il particolare amore che legava papa Giovanni Paolo II alla figura di Maria. Secondo lui, era stata proprio la Madonna a deviare il colpo di arma da fuoco e a salvargli la vita nel giorno dell'attentato.

Le madonne dei poeti

Quando ero ragazzo, mia madre spesso mi ripeteva: "Se ti senti solo, tu prega e vedrai che stai meglio".
Questo ricordo mi fa tornare in mente una poesia di Trilussa, che doveva avere una mamma che somigliava molto alla mia.

Quann'ero ragazzino, mamma mia me diceva:
"Ricordate, fijolo, quanno te senti veramente solo
tu prova a recità 'n Ave Maria.
L'anima tua da sola spicca er volo
e se solleva come pe' maggìa".

Ormai so' vecchio, er tempo m'è volato,
da un pezzo s'è addormita la vecchietta,
ma quer consijo nun l'ho mai scordato.
Come me sento veramente solo
io prego la Madonna benedetta
e l'anima da sola pija er volo.

Per me, questa è una delle poesie più belle che siano state dedicate alla Madonna. Naturalmente, la mia preferita resta *'A Madonna d' 'e mandarine*, che Ferdinando Russo scrisse nei primi anni del Novecento. Io sono contrario alle vendette e alle punizioni troppo severe, forse per questo mi ha sempre commosso il cuore tenero che il poeta attribuisce alla Vergine. Devo aggiungere che Ferdinando Russo, in un'altra sua poesia che si chiama *Sant'Antonio*, fa fare al santo un elogio della Madonna, quando per l'intera poesia sant'Antonio non fa altro che sparlare di tutti i santi del paradiso. Peccato che è troppo lunga, l'avrei riportata tutta. Ve ne cito una strofa:

> Dice buono 'o ditto 'e vascio,
> quando parla della donna!
> Una bona, nce ne steva,
> e 'a facetteno Madonna!

La traduco:

> Dice bene il proverbio di laggiù,
> Quando parla della donna!
> Soltanto una buona, ce n'era
> e la fecero Madonna!

Fate attenzione, però, che ci sono molte madonne a cui i poeti hanno dedicato i loro versi. La parola "madonna", soprattutto nel "dolce stil novo", ha spesso un significato diverso. Non che i poeti del Trecento fossero atei, per carità, ma le madonne delle loro poesie sono semplicemente le donne che desiderano, quasi sempre irraggiungibili.

Questo è invece un sonetto di Guido Guinizzelli. Ora, io lo so che questo nome ci riporta ai banchi di scuola, ma lo uso solo per fare un esempio e per mostrare in che modo era vista la madonna nella maggioranza dei versi dei poeti nel periodo del "dolce stil novo".

Madonna mia, quel dìs ch'Amor consente
ch'i' cangi core, volere o maniera,
o ch'altra donna mi sia più piacente,
tornerà l'acqua in su d'ogni riviera,

il cieco vederà, 'l muto parlente
ed ogni cosa grave fia leggera:
sì forte punto d'amore e possente
fu 'l giorno ch'io vi vidi a la 'mprimiera.

E questo posso dire in veritate:
ch'Amore e stella fermaron volere
ch'io fosse vostro, ed hanlo giudicato;

e se da stella è dato, non crediate
ch'altra cosa mi possa mai piacere,
se Dio non rompe in ciel ciò c'ha firmato.

Qui sembra che Guinizzelli voglia esprimere il suo amore con dei paradossi: nel giorno in cui lui dovesse smettere di amare la sua madonna, l'acqua dei fiumi risalirà, il cieco vedrà e il muto ricomincerà a parlare.

Diciamo la verità, a volte non è che si capisca molto di quello che scrivono i poeti. A causa della mia passione per la filosofia, un giorno leggevo un libro sulla vita di Tommaso Campanella nel quale si parlava del suo amore per i versi e anche di una poesia erotica che il filosofo calabrese aveva scritto. Anche nel suo caso, infatti, la madonna non era una Madonna vera e propria ma solo una femmina con cui lui, sporcaccione, avrebbe desiderato fare l'amore.

Devo ammettere che da Campanella tutto mi sarei aspettato, tranne che scrivesse poesie. Il mio amico Lucio Villari, allora, mi indicò un'antologia che conteneva un sonetto del filosofo. Lessi quel sonetto, ma non capii praticamente niente. Così dovette intervenire di nuovo Lucio Villari, che me lo spiegò con santa pazienza. Il sonetto di Campanella, *Sonetto fatto dall'autore sopra un bagno mandatoli dalla sua donna, nel quale ella s'era prima lavata*, è questo:

> La faccia di madonna, che di Dio
> sola può dirsi imagin vera in terra,
> e le man, providenza che non erra,
> bagnate in atto a me cortese e pio:
>
> tolsi l'acqua, applicaila al corpo mio,
> già fracassato dopo lunga guerra
> per gran tormento ch'ogni forte atterra,
> del medesmo liquor bevendo anch'io.
>
> Miraculo d'amor stupendo e raro!
> Cessò la doglia, io diventai più forte,
> le piaghe e le rotture si saldâro.
>
> Sentendo in me le sue bellezze assorte,
> le viscere, gioendo, trapassâro
> in lei, mia dolce vita, dalla morte.

Campanella descrive il suo ritorno dalla guerra. Arrivato a casa trova la sua donna che sta facendo il bagno. Quando lei ha finito, in quella stessa acqua si immerge lui, perché in questo modo può stabilire un contatto indiretto tra i loro corpi. Campanella decide addirittura di bere un po' di quell'acqua ("del medesmo liquor bevendo anch'io") e da ciò ottiene il vero "miraculo d'amor", cioè al filosofo spariscono dolori e ferite.

Poi – aggiunsi io a quel punto – pensando alle bellezze assorte che aveva appena visto, Tommaso Campanella secondo me cominciò a toccarsi.

Villari, però, di questo dettaglio non mi pareva convinto.
"Ma che cosa te lo fa credere?" mi chiese.
"Se così non fosse, spiegami allora perché le sue viscere gioirono."

MARIA NEI MIEI RICORDI

La Madonna di Pompei

Bartolo Longo era un giovane nato nella provincia di Brindisi nel 1841. Volle studiare da avvocato e perciò si trasferì alla facoltà di Giurisprudenza dell'università di Napoli. Ora voi vi chiedete: "E questo che c'entra con la Madonna?". C'entra, perché questo signore meridionale del diciannovesimo secolo è l'uomo a cui dobbiamo la costruzione del santuario di Pompei. Prima che fosse avvocato, quando era ancora impegnato negli studi universitari, Bartolo Longo era tra quelli che di notte giravano la città a caccia di tutti i divertimenti possibili che la Napoli dell'epoca sapeva offrire. Locali, donne, musica. In più, va detto che mostrava di non sopportare troppo la Chiesa e i preti. Spesso partecipava a serate organizzate da gruppi esoterici cittadini, durante le quali si finiva col celebrare sedute spiritiche e a evocare l'aldilà.

Un giorno conobbe per caso un frate domenicano, padre Radente. Bene, fu l'incontro con questo frate a trasformargli lentamente la vita. I due parlavano molto, non solo di religione, ma anche di filosofia, di diritto e della vita in generale. Longo intanto era diventato l'avvocato Longo, e pian piano si accorgeva di avvertire il richiamo della fede.

A Napoli si dice che ci sono almeno cinque tipi di avvocati, naturalmente non tutti sono principi del Foro: esistono gli avvocati di grido, gli avvocati normali, i giovani di studio, gli "strascinafacenne" e i "paglietta".

Gli "strascinafacenne" non sempre sono laureati, si arrangiano nella zona del Tribunale interessandosi un po' a tutto: pratiche legali, rinnovi di patente, passaporti, multe. Li chiamano così perché di solito trascinano le pratiche più a lungo possibile, in modo da guadagnarci ogni tanto un piccolo compenso dal cliente. I "paglietta" sono figure spesso caricaturali, diciamo che rappresentano il sofista napoletano un po' furbacchione. Un paglietta autentico l'ho conosciuto, l'avvocato Annibale Tanucci. Ecco cosa sostenne durante una sua arringa:

> Signori della Corte, siamo qui a difendere Esposito Alessandro, detto 'a Rinascente, dall'accusa di truffa. Vogliamo altresì dimostrare che l'accusa non sussiste. Riassumo i fatti: domenica 27 marzo il vigile urbano Abbondanza Michele elevava contravvenzione a carico del mio cliente per vendita senza licenza di borse e borsoni di varia foggia, sul marciapiede antistante la chiesa di Santa Caterina a Chiaia. Il giorno successivo, un sopralluogo della Guardia di Finanza in un terraneo al civico 25 di vico Sergente Maggiore, domicilio dell'imputato, accerta l'esistenza di una modesta catena di assemblaggio delle predette borse, a cui lavoravano esclusivamente membri della famiglia Esposito, e di 28 orologi perfettamente funzionanti, imitazioni delle seguenti marche: Rolex, Cartier e Piaget. Le borse portavano inciso il marchio di un'azienda straniera, denominata Louis Vuitton. Per chi lo ignorasse, aggiungo che una borsa di tale azienda ha un costo medio non inferiore ai 1.000 euro, il mio cliente le vendeva a 30 euro, a fine giornata anche a 20. Va pure considerato che accanto alla merce il mio cliente aveva affisso un

cartello: BORSE AUTENTICHE LOUIS VUITTON, PERFETTAMENTE IMITATE. Ora, diciamo noi, per esserci truffa deve esserci persona offesa e indotta in errore. E chi sarebbe questa persona offesa? Il passante che si ferma e compra? Eh no, signori della Corte. Perché i casi sono due: o il passante ha letto tutto il cartello, e allora ha comprato ben consapevole di ciò che stava acquistando, oppure ha letto solo BORSE AUTENTICHE LOUIS VUITTON, e allora il truffatore è lui, visto che voleva comprarla per 20 o 30 euro, quando sa benissimo che le borse della suddetta marca ne costano almeno 1000. No, signori miei, Esposito Alessandro va assolto perché non ha truffato nessuno. E se non c'è il truffato, non c'è nemmeno la truffa.

Modestamente, in passato sono stato falsificato anch'io. Quello che in genere si fa con le borse, le cinture e gli orologi, qualcuno l'ha fatto coi miei libri. Quando me l'hanno detto, un po' mi sono arrabbiato, ma devo dire che poi ho sentito anche un pizzico di orgoglio. Ho detto a me stesso: "Si falsifica solamente la merce di valore" e tutto contento mi sono sentito come un Rolex.

Ma riprendiamo la storia del nostro giovane avvocato. Quando tornò nella sua Puglia, Bartolo Longo era un uomo del tutto diverso da quello che era partito. Si diede alla solidarietà e all'assistenza dei poveri. Dopo pochi anni, decise che la professione di avvocato non era lo scopo della sua vita, così l'abbandonò e tornò a Napoli. Gli ambienti che iniziò a frequentare erano completamente diversi rispetto a quelli del suo primo soggiorno. Conobbe, per esempio, Caterina Volpicelli e Ludovico da Casoria, che a Napoli erano esponenti autorevolissimi del movimento cattolico. Ma soprattutto cominciò a frequentare la contessa Marianna de Fusco. La nobildonna era vedova da tempo e si era interamente dedicata alle opere di carità. I due si piacquero a tal punto da stabilirsi nella stessa abitazione. Il cardinale Sanfelice, per evitare maldicenze, si vide anche costretto a benedire la loro unione, che però sembra sia rimasta esclusivamente spirituale.

La contessa de Fusco era proprietaria di grossi terreni e di case nella zona di Pompei. Qui Bartolo Longo veniva spesso per parlare ai contadini, per diffondere la fede in una zona che all'epoca era molto degradata. Un giorno una suora, Maria Concetta de Litala, gli restituì un dipinto appartenuto alla contessa. Il quadro raffigurava la Madonna del Rosario, ma era in condizioni pietose. Bartolo allora lo fece sistemare e se lo portò con sé nella piccola parrocchia di Pompei, caricandolo su un carretto che trasportava il letame per concimare. Il dipinto aveva bisogno di un vero restauro, e del resto anche la raffigurazione era vecchia, ormai superata. Dovete sapere che nella Cristianità più antica la Madonna veniva raffigurata nell'atto di porgere una corona a santa Rosa; più tardi la Chiesa decise che dai quadri dovesse sparire santa Rosa e che santa Caterina da Siena ne dovesse prendere il posto. Perciò, quando sulla tela di Bartolo intervenne il pittore napoletano Federico Malderelli, trasformò santa Rosa in santa Caterina. Esposta nella chiesetta, l'immagine diede subito inizio alla sua leggenda di dispensatrice di miracoli. La voce del quadro miracoloso della Vergine del Rosario si sparse in fretta e attirò un numero sempre crescente di pellegrini. L'ex avvocato Longo pensò allora che la piccola parrocchia non bastasse più, e che lì si dovesse costruire un vero e proprio santuario. Riuscì nella sua impresa e dal 1926, anno della sua morte, è sepolto all'interno della cripta del santuario.

A partire dal 1925, il santuario ha acquisito anche un campanile, alto ottanta metri e con una croce di bronzo sulla sommità che è lunga altri sette metri. Questo campanile contiene la bellezza di otto campane, che furono ricavate dalla fusione di cannoni utilizzati nella guerra del '15-18. Negli anni Trenta del Novecento, la basilica fu ampliata e portata a una superficie di 5000 metri quadrati. Fu innalzata anche la cupola, che prima era alta ventinove metri e che fu portata a cinquantasette.

Pompei è il santuario che con i miei genitori devo aver frequentato più spesso quand'ero ragazzo. Mi piaceva quella gita, anche se molte volte mi fa pensare a quale occasione sprecata sia Napoli. Pompei è una terra meravigliosa, a un passo dalla città, col Vesuvio che si fa vicinissimo e gli scavi che riportano nel passato. Ed è un territorio che, bene o male, ha imparato a vivere di turismo e pellegrinaggi. Il vero errore di Napoli è stato cadere nella lusinga dell'industrializzazione. Con le bellezze che ha, la città doveva dedicarsi tutta al turismo. Immaginate solo Castel dell'Ovo, ma chi ce l'ha una meraviglia del genere in mezzo al mare? Con le sue sale, le sue viuzze e le sue botteghe. Per esempio, poteva diventare un enorme e suggestivo centro congressi, il più bello del mondo, sarebbe stato una fonte inesauribile di guadagno per la città. Pensate ai napoletani, e ditemi se vi sembrano più adatti a fare gli operai o a occuparsi di turismo. Ora, per realizzare tutto questo che cosa occorreva? Una mano dal Padreterno, per le meraviglie naturali, e dei buoni amministratori cittadini per curare l'organizzazione. Ebbene, il Padreterno il suo dovere l'ha fatto, gli amministratori cittadini no.

Madonna dell'Arco

Appena Teseo e Arianna si lasciarono, lei si sentì abbandonata, subito intrecciò una nuova relazione e si fidanzò con Dioniso. Va detto che erano proprio una bella coppia: Arianna era rossa di capelli, Dioniso era biondino e naturalmente bello come un dio. Dioniso era uno di larghe vedute, per lui nei rapporti d'amore non bisognava essere soltanto in due, ma possibilmente molti di più. Il culto dei suoi devoti era fondato su feste in cui ci si abbandonava a danze, grandi bevute e a un'orgia come gran finale. Ai suoi tempi, del resto, l'orgia, era considerata un vero rituale religioso. Ciò che accadeva portava alla perdita del controllo e allo smarrimento della ragione, i fedeli entravano, infatti, in una specie di trance, dopodiché si davano a un amore sfrenato. I "fujenti" dei tempi nostri non arrivano fino al momento delle bevute e dell'amore. Si fermano alle danze, che durano la notte intera, e a un'estasi che li rapisce completamente.

Chi non è napoletano non può sapere cosa sono i "fujenti" e non se li può nemmeno immaginare. Adesso, però, con un po' di pazienza, cercherò di raccontarli. "Fujenti" vuol dire "coloro che corrono". Ebbene, per capire questi strani esseri bisogna partire dalla famosa località di Madonna dell'Arco e dal suo santuario. Questa località, a pochi chilometri da Napoli, si chiama così perché da quelle parti c'era un acquedotto costruito in epoca romana che portava l'acqua dal fiume Serino fino nel napoletano. Aveva delle grosse arcate, tant'è che nei paraggi sorge la località di Pomigliano d'Arco. In quel luogo esisteva fin dal quindicesimo secolo un'edicola con un'immagine della Madonna, a cui gli abitanti erano affezionatissimi, sistemata sotto uno degli archi dell'acquedotto. Perché si sappia, in questo paese nel 1450 avvenne un fatto sorprendente, se non addirittura un miracolo. Durante un lunedì di Pasquetta, infatti, alcuni giovani si sfidarono in una gara dell'epoca, in cui vinceva chi riusciva a tirare una palla di legno il più lontano possibile. Uno di questi ragazzi lanciò la palla con tutta la sua forza, ma per errore colpì un albero. Il giovane, allora, cominciò a bestemmiare e, accecato dalla rabbia, raccolse la palla e la scagliò contro l'edicola sacra. Ora, vero o non vero, la Madonna, colpita sulla guancia, si mise a piangere lacrime di sangue. Tutti i presenti, colti da stupore e paura, avrebbero linciato il giovane se non li avesse fermati un nobile che passava da quelle parti. Questo nobiluomo, infatti, disse alla folla: "Non è bello farsi giustizia da soli. La Madonna sarà più contenta se in questo luogo le dedicherete una cappella". Sorse così una chiesetta e subito dopo un santuario ancora molto frequentato.

Ora voi direte: "Ma non dovevi parlarci dei 'fujenti'?". Sì, è vero, me li ero dimenticati. Ma chi sono i "fujenti"? Sono degli strani personaggi con una speciale devozione per la Madonna dell'Arco. E proprio nella ricorrenza della gara, quindi il Lunedì in Albis, i "fujenti" accorrono al santuario per festeggiarla. Tenete presente che queste visite, organizzate da vere e proprie associazioni, sono processioni che percorrono anche trenta chilometri. Si parte da varie località della Campania e si cammina, a piedi scalzi, fino a sant'Anastasia, la cittadina della Madonna dell'Arco. Questi "fujenti" hanno chiesto o ricevuto delle grazie e quindi sentono il bisogno di mostrare la loro riconoscenza. Ma, per essere più chiaro, devo aggiungere che manifestano questa riconoscenza in modo abbastanza particolare. Infatti, non si limitano a pregare, ma vanno in giro tutti vestiti di bianco, con una fascia azzurra o rossa intorno alla vita. Dopodiché, non si accontentano di camminare, a volte procedono addirittura in ginocchio per andare incontro alla Madonna. E non basta: ad alcuni vengono anche le "mosse", cioè qualcosa che somiglia a delle convulsioni. Tremano, sudano e svengono, alcuni cadono anche in trance.

I napoletani sanno bene che i "fujenti" in realtà si fanno vivi anche in molte domeniche dell'anno, soprattutto di mattina. Urlano per le strade il nome della Madonna dell'Arco, portano in giro la statua accompagnati dalla banda che suona, e intanto sperano che dai balconi qualcuno si affacci per lanciare offerte in denaro.

Questo mi fa tornare in mente il famoso piano Marshall, che gli americani progettarono subito dopo la Seconda guerra mondiale per ricostruire l'Europa. E quello secondo voi che cos'era? Sotto c'eravamo noi italiani che tremavamo, sudavamo e avevamo bisogno di soldi, e sopra c'erano gli americani con le finestre aperte che, pur di non sentire più tutta quella "ammuina", ce ne lanciavano tanti. A quei tempi, i filoamericani pensavano che gli Stati Uniti ci avevano salvato dal disastro e, dall'altra parte, i simpatizzanti della Russia sostenevano che quello non era un regalo, ma che con quel piano gli americani ci tenevano legati a loro. La discussione non finiva mai. Non potevi essere fascista, non potevi essere comunista, non potevi essere liberale, ma non potevi nemmeno essere niente, perché altrimenti eri qualunquista. Quando mi chiedono politicamente che cosa sono, mi viene sempre voglia di rispondere: "Sono un uomo, e mi piacciono tanto le donne".

La Madonna del Carmine

Nella mia città, il Carmine è una zona che prende il nome dalla basilica di Santa Maria del Carmine Maggiore. È una piazza piena di storia, ma anche con un bel pezzo di presente. Sono accaduti tanti di quei fatti, in questa piazza, che una delle espressioni di meraviglia, o anche di paura, preferite dai napoletani è proprio: "Mamma r' 'o Carmene".

La mamma in questione, l'avete già capito, è naturalmente la Madonna, a cui la gente si affida se in giro c'è un pericolo o qualsiasi cosa che possa spaventare. Non si può mai sapere, è sempre meglio chiamarla e tenersela vicino.

Dovete sapere che il culto cristiano della Madonna del Carmelo, da cui poi deriva quella del Carmine, nasce probabilmente prima di tutti gli altri dedicati a Maria. Il Carmelo è una montagna che sta in Palestina, dove gli eremiti dei primi secoli dopo Cristo si ritiravano per evitare i soldati imperiali, che ancora li perseguitavano, e per condurre tranquillamente la loro vita evangelica. Per secoli, tutti si recavano in quella zona, fino a quando non si resero conto di stare troppo stretti. Il loro numero era diventato enorme e furono costretti a scegliere anche altri posti. Da allora, i cosiddetti carmelitani si diffusero anche in altre regioni della Palestina, poi in Egitto e pure in luoghi più lontani dell'Oriente.

Appena i carmelitani iniziano a farsi vivi anche in Europa, cioè all'incirca nel dodicesimo secolo, la Madonna decise che doveva apparire due volte.

Prima si presentò a un monaco inglese, un tale di nome Simone Stock, che poi sarà fatto santo. La Madonna gli diede uno scapolare e gli disse: "Tienilo, questo distinguerà i carmelitani dagli altri ordini. Chi lo indosserà si salverà dai pericoli ed eviterà il fuoco dell'inferno".

Per chi non lo sapesse, lo scapolare è quella striscia di stoffa che sta sul collo dell'abito monacale, davanti scende fino al petto e dietro quasi sempre ha un cappuccio.

La Vergine del Carmine si presentò una seconda volta direttamente al papa, che all'epoca era Giovanni XXII. Quella visita non era casuale, la Madonna voleva proprio parlare faccia a faccia col pontefice. Che gli voleva dire? Prometteva di intervenire affinché le anime non si trattenessero troppo in purgatorio, ma fossero trasferite al più presto in paradiso. Un'intercessione che avveniva il sabato, il giorno che è più caro alla Madonna, e che da allora fu chiamata Privilegio Sabatino. Per dirla più chiaramente, la Vergine faceva delle preferenze: per chi aveva addosso il suo scapolare accelerava un po' le pratiche, i "suoi" potevano sentirsi raccomandati e passare più velocemente in paradiso.

Ma, per favore, nessuno si meravigli più di tanto. Molti secoli prima di Cristo le raccomandazioni esistevano già. L'era moderna ha inventato il frullatore, il rasoio elettrico e anche il cellulare con la telecamera, ma non le raccomandazioni, che c'erano anche al tempo di Pitagora, e lui stesso se ne servì. Aveva un padre piuttosto ricco, un gioielliere bravo a lavorare pietre per anelli, ma aveva pure uno zio, di nome Zoilo, che era un personaggio potente e che raccomandò Pitagora affinché entrasse nella scuola del grande filosofo Ferecide. Dal suo maestro, Pitagora in quegli anni imparò tantissimo, certamente anche la teoria della metempsicosi e la reincarnazione, di cui forse Ferecide fu il primo a parlare. Ma imparò soprattutto che le raccomandazioni nella vita a volte servono più delle buone idee. Quando la scuola finì, infatti, Pitagora decise di andare in Egitto per imparare la matematica. Mentre preparava il bagaglio, ci infilò dentro due cose: una lettera di raccomandazione per il faraone Amasi, che si era fatto scrivere apposta dal tiranno Policrate, e un pacchettino con tre calici d'argento che aveva preso dal negozio del padre e che a Pitagora sembrava un regalino perfetto per i sacerdoti Eliopoliti dai quali avrebbe studiato. Non aveva dimenticato l'importanza di una buona raccomandazione, ma aveva capito che questa vale di più se c'è una bustarella che l'accompagna.

I napoletani chiamano piazza Mercato la piazza del Santuario del Carmine. Secoli fa, questo luogo era esterno alle mura di cinta di Napoli, infatti era detto Campo del Moricino, perché frequentato da mercanti che venivano dall'Oriente e perciò mori. Va detto che questa piazza ha vissuto tante storie tristi che molti napoletani conoscono bene. Era, infatti, il luogo nel quale si tenevano le esecuzioni e fu il re Corrado d'Angiò, nel tredicesimo secolo, il primo a usarla per questo scopo. Volle che il suo omonimo, Corradino di Svevia, che era re degli Svevi e aveva soltanto sedici anni, fosse decapitato in piazza Mercato. Più avanti, molti altri trascorsero qui gli ultimi momenti di vita, davanti a una folla chiamata ad assistere alla loro pena capitale. Toccò a Eleonora Pimentel Fonseca, che aveva partecipato alla rivoluzione napoletana del 1799, al pescivendolo Masaniello, che era nato in un vicoletto vicino alla piazza e che nel 1647, a soli ventisette anni, fu ammazzato in una cella del convento del Carmine e poi anche decapitato in piazza. Toccò anche a Luisa Sanfelice, la nobildonna coinvolta, anch'ella durante la rivoluzione del 1799, nella cosiddetta congiura dei Baccher e quindi giustiziata dai Borbone tornati sul trono. Il Tribunale del Regno fece impiccare in piazza Mercato, nel 1806, anche il famoso bandito Fra Diavolo.

Io sarei per una pena di morte volontaria, la soluzione che secondo me scelse Socrate quando lo condannarono a bere la cicuta. Un attimo prima che gli fosse somministrata gli chiesero cosa era disposto a offrire per salvarsi la vita. Lui mise soltanto pochi spiccioli su un tavolo che aveva accanto. Giudici e carcerieri si indignarono per quell'offerta così misera e confermarono la decisione di giustiziarlo. Quasi tutti, al posto di Socrate, avrebbero messo a disposizione tutti i propri averi, avrebbero anche fatto debiti pur di salvarsi. Lui preferì bere la cicuta. Tra il salvarsi la vita e il rispetto per le leggi di Atene, scelse le leggi.

La recita del Rosario

Digne, attente, devote. Sono tre parole latine che indicano come va recitato il Rosario, in modo che la preghiera non sia declamata inutilmente, che arrivi sicuramente a destinazione e che sia gradita a chi sta lassù. Solo così si può stare sicuri che il Rosario abbia la sua massima efficacia. È abbastanza chiaro che le tre parole significano: degnamente, attentamente e con devozione. La prima prescrive che chi lo recita deve trovarsi in uno stato di grazia. Diciamo con l'animo pulito: come minimo, non deve avere pendenze col Padreterno di cui ancora non si è pentito. Poi, naturalmente, deve pregare stando attento, concentrato su ciò che sta dicendo, e guardate che col Rosario non è affatto facile: tenete presente che una recita completa può durare anche più di quaranta minuti. Più semplice da intuire è la necessità che, durante la recita, ci sia anche devozione. Il catechismo aggiunge che, se viene recitato senza fretta, è più facile che la Vergine conceda le grazie.

Il Rosario si chiama anche Salterio, una parola che viene dal greco *psaltèrion*, lo strumento a corde col quale si accompagnavano i salmi. Furono i domenicani i primi a diffonderlo, fin dal dodicesimo secolo, e il loro compito fu abbastanza facile perché permetteva anche agli analfabeti di meditare e pregare senza fare ricorso alle Scritture. Per questo, il Rosario fu detto anche Vangelo dei poveri.

Il Rosario mi riporta molto indietro nel tempo, fino alla mia infanzia, quando in casa mia nonna lo recitava. Mica da sola, si trattava di un vero e proprio rito collettivo, al quale erano chiamate a partecipare tutte le donne del palazzo di accertata fede cattolica e con più di venticinque anni, praticamente tutte quelle sposate o ritenute quasi definitivamente zitelle, "signorine" ormai con pochissime speranze di sottrarsi al loro destino. Naturalmente, al rito prendeva parte anche mia madre, che è sempre stata pia, devota e praticante. Dovete sapere che in casa nostra c'era una stanza che era più ecclesiastica di una chiesa. Sulle pareti c'erano crocifissi e immaginette sacre attaccate dappertutto e c'era un altarino di fronte al quale stava addirittura un inginocchiatoio, sistemato lì per i momenti di massimo raccoglimento.

Credo che il rito del Rosario si svolgesse nel pomeriggio del venerdì, immancabilmente ogni settimana, ovviamente questo valeva nei periodi ordinari, perché nei mesi mariani o nelle vicinanze di Natale e Pasqua, il programma dettato da mia nonna si infittiva. In questi casi le signore e le signorine del palazzo erano tenute a presentarsi a casa nostra almeno due o tre volte alla settimana.

Il Rosario è una prova di notevole difficoltà. Mi sono sempre chiesto come facessero le donne che venivano a recitarlo in casa nostra ad avere tutta quella energia, mentale e anche fisica, per resistere a una fatica che a me sembrava terribile. Se ho fatto bene i conti, soltanto le Ave Maria sono cinquantatré: credo che ce ne siano tre all'inizio e poi, più avanti, cinque serie da dieci. In più ci sono i Padre Nostro, il Credo, i Gloria al Padre, la Salve Regina. E non è tutto, perché questa quantità di preghiere è scandita dalle cosiddette litanie. Per chi non le conosce, ne riporto qui un esempio. Bisogna leggerle immaginando una voce solista (che a casa nostra era ovviamente il ruolo di mia nonna) che declama la prima parte e il coro dei fedeli che subito risponde pronunciando la seconda:

Signore, pietà - Signore, pietà
Cristo, pietà - Cristo, pietà
Signore, pietà - Signore, pietà
Cristo, ascoltaci - Cristo, ascoltaci
Cristo, esaudiscici - Cristo, esaudiscici
Padre che sei nei Cieli - abbi pietà di noi
Figlio, Redentore del mondo - abbi pietà di noi
Spirito Santo Paraclito - abbi pietà di noi
Santa Trinità, unico Dio - abbi pietà di noi.

Questa è la parte iniziale, in più c'è tutto il corpo della litania, che è veramente lungo:

Santa Maria - prega per noi
Santa Madre di Dio - prega per noi
Santa Vergine delle vergini - prega per noi
Madre di Cristo - prega per noi
Madre della Chiesa - prega per noi
Madre della divina grazia - prega per noi
Madre purissima - prega per noi
Madre castissima - prega per noi
Madre sempre vergine - prega per noi
Madre immacolata - prega per noi
Madre degna d'amore - prega per noi.

E si va avanti così, con decine e decine di altre invocazioni come queste, sempre rivolte alla Madonna, che viene chiamata nei modi più svariati, alcuni anche molto fantasiosi, devo dire. Tutte invocazioni che servono per chiedere continuamente alla Madonna di "pregare per noi". La lunghezza e la ripetitività di queste litanie danno immediatamente alla recita una specie di ritmo, come una cantilena che tutti i fedeli seguono. Sembra veramente di ascoltare un canto, ho l'impressione che, ascoltandolo, mio nipote direbbe: "Nonno, sicuro che non è un rap?".

Da sempre, gli uomini hanno bisogno di chiedere al cielo delle grazie. Spesso chi chiede una grazia pensa ai soldi, invece che alla salute.
Io credo che la Madonna, quando ci aiuta, preferisca intervenire sulla salute piuttosto che sulle finanze. Se fosse il contrario l'Italia non si troverebbe in queste condizioni. Pensate a quanta gente in questo momento chiede aiuto alla Madonna, visto che non si può contare sui politici, che i miracoli li fanno, ma solo per se stessi. Allora, a nome di tutti quelli che ora si trovano in difficoltà economiche, io ci provo lo stesso, con una preghierina: Madonnina mia, è vero che si tratta di vile denaro, ma liberaci dagli imbroglioni.

Una sera del '52 ho imparato che esistono anche imbroglioni non attaccati al denaro. Alfonso Pisacane, detto Fofò, vinse una quaterna secca al Banco Lotto. Quella sera, diede una festa che nessuno dei presenti ha dimenticato. Sostanzialmente, Fofò non teneva una lira, ma aveva sempre vissuto come un milionario. Si era fatto la macchina sportiva, il cappotto col bavero di pelliccia e la fidanzata piena di gioielli. È vero, erano falsi, ma lei li aveva e le nostre fidanzate no. Fofò adorava il gioco del poker. Giocava, perdeva, e diceva alzandosi dal tavolo: "Entro ventiquattr'ore onorerò i miei impegni".
Non ha mai onorato niente e infatti tutti i circoli tra Napoli e Roma gli avevano vietato l'ingresso, tranne il Tennis

Club Vomero. Si diceva pure che un giorno di tanti anni prima avesse sbancato il casinò di Montecarlo. Noi gli chiedevamo: "Fofò, e che ne hai fatto di tutti quei soldi?".
"Non lo so" rispondeva "i soldi a me non interessano. Anzi, mi fanno schifo."

Ma voglio raccontarvi della festa che organizzò per la vincita in un ristorante sulla Collina dei Camaldoli. Si parlava di otto milioni di lire, per quei tempi una bella cifra. Nel pomeriggio, Fofò ci avvertì: "Ho invitato solo voi soci del Tennis Vomero, ventiquattro amici tutti maschi. Alle signore penso io".
E infatti ingaggiò ventiquattro prostitute, una per ciascun socio invitato, al prezzo di tremila lire l'una. La sera ci accolse con un calice di champagne in una mano e cinque banconote da mille lire nell'altra.
"Queste le darò ai camerieri come mancia" disse "e alla fine voglio che voi usciate da qui tutti ubriachi. Questa è un'occasione che nessuno deve dimenticare."
Quando brindammo, volle fare un discorso:
"Dico spesso che i soldi fanno schifo, e so di non avere torto. Vedete questa banconota? È solo un pezzo di carta, siamo noi che gli diamo importanza e lo facciamo diventare prezioso. Fino a ieri, io avevo le tasche vuote, e voi quando mi incontravate cambiavate strada temendo che potessi chiedervi un prestito. Io stasera sono la stessa persona, eppure mi trattate con amicizia, siete qui con gioia soltanto perché sono diventato ricco. Ho per voi un'altra bella sorpresa, ma intanto imparate a usare distacco dal denaro, non lasciate che vi corrompa".
Brindammo ancora e, prima che servissero il caffè, Fofò ci fece la sorpresa annunciata. Sparì e non lo vedemmo mai più. Non aveva vinto nessuna quaterna e nemmeno aveva pagato il conto. A noi toccò saldare il ristorante e subire le lamentele delle prostitute che volevano le loro tremila lire. A

quella che era stata assegnata a me, io parlai chiaro: "Gentile signora, non ho il piacere di conoscerla e non conosco il suo talento professionale, che do comunque per scontato. Sia felice di aver partecipato a una bella serata e non chieda di più alla sorte".

Lei mi chiamò "ricchione" e mi sbatté la borsetta in testa.

MARIA CHE APPARE

La Madonna di Lourdes

Se nella vita avete scelto di fare il pastore o il contadino, non vi dovete meravigliare più di tanto se un giorno vi dovesse capitare di incontrare una signora vestita tutta di bianco e con un cerchio luminoso dietro la testa. Dovete sapere che per voi le probabilità di vedere la Madonna sono più alte che per uno che fa il barista, il vigile urbano o il geometra. Il motivo di questa preferenza non lo conosciamo e, lo dico sinceramente, dubito che qualcuno sarà mai in grado di spiegarcelo.

Sappiamo invece che era una pastorella anche la più famosa delle ragazzine da cui Maria ha scelto di farsi vedere. Sto parlando naturalmente di Bernadette, che di cognome si chiamava Soubirous. Bernadette era francese e nacque nel gennaio del 1844 a Lourdes, in un paese che poi grazie a lei divenne famoso in tutto il mondo. Suo padre faceva il mugnaio e gli affari non andavano nemmeno male finché non subì gli effetti di una carestia e cadde in povertà. Non era più nemmeno in grado di mantenere tutti i suoi sette figli. Bernadette, la primogenita, visse un'infanzia misera, e presto fu affidata a un'altra famiglia. La ragazzina doveva fare da cuoca, da cameriera, e doveva pure portare le bestie al pascolo.

Un giorno di febbraio del 1858, Bernadette era con le sorelle e le amiche in una grotta della zona. Improvvisamente si fermò e cominciò a guardare fisso verso la roccia. Le altre ragazze pensavano che fosse diventata pazza, perché Bernadette iniziò a parlare da sola, anzi si era messa a scambiare due chiacchiere con la parete della grotta.

"Ma voi non avete visto niente?" chiese dopo alle amiche e alle sorelle.

"Noi niente. Tu che hai visto?"

"Ma come? C'era una signora bellissima, tutta vestita di bianco e mi ha detto che dobbiamo vederci più spesso. Domani, infatti, starò di nuovo qui."

Questi incontri tra la Madonna e la pastorella durarono per un paio di settimane. Naturalmente Bernadette, che era un po' ignorantella e pure analfabeta, non sapeva nulla della donna che appariva nella grotta. Quando gli altri le chiedevano: "E chi sarebbe questa signora che vedi tu soltanto? Ti avrà detto almeno come si chiama", lei rispondeva: "Ma io che ne so. So solo che domani la incontrerò di nuovo".

Infatti continuò ad andarci e un giorno tornò a casa dicendo che la Signora voleva una chiesa dedicata a lei, e che la voleva proprio nel bosco in cui si trovava la grotta. Riferì tutto ciò al prete del paese, ma il vero dibattito nacque tra la gente. Alcuni volevano rinchiudere Bernadette in manicomio, altri invece ritenevano che le sue non fossero allucinazioni, ma un vero segnale che proveniva dal cielo. Alla fine, portarono Bernadette davanti al parroco, il quale fece ciò che qualsiasi altro uomo avrebbe fatto: le chiese una prova dei suoi incontri. Il giorno dopo la ragazzina tornò alla grotta e raccontò tutto alla Madonna.

"In paese nessuno mi crede, dicono che io m'invento tutto."

"Tu non preoccuparti" disse la Vergine "e bevi tranquillamente l'acqua della fonte che è sotto la roccia."

Bernadette guardò a lungo la roccia, ma di sorgenti, diciamo la verità, non ne vide nessuna. Non disse nulla, anche perché alle sue spalle c'erano tante persone che da giorni la seguivano passo passo, per vedere con i propri occhi tutto quello che le accadeva. Bernadette allora cominciò a scavare nel terreno.

"Perché scavi?" le chiedevano. "Perché proprio qui? Che cosa stai cercando?"

"Sono sicura che qui sotto ci sia la fonte. È lei che me lo ha detto: la Signora vestita di bianco."

La ricerca ovviamente fu inutile. Il terreno era secco e di acqua non c'era la minima traccia. La gente allora pensò che Bernadette fosse pazza e che avevano sbagliato a credere alle sue storie. Il giorno dopo, però, lei andò di nuovo nel bosco, accompagnata dai pochi che ancora le davano fiducia. Quando arrivò accanto alla grotta vide un flusso abbondante di acqua che sgorgava da una sorgente proprio sotto la roccia. La prova adesso c'era, e quelli che erano con lei si misero subito a gridare: "È un miracolo, è un miracolo!".

Le apparizioni furono in tutto diciotto e subito dopo sul posto vennero costruite prima una statua della Madonna e poi una basilica. Si dice che, da quando fu edificato più di centotrenta anni fa, il santuario di Nostra Signora di Lourdes sia stato visitato da quasi ottocento milioni di fedeli. Nel corso degli anni sono state costruite anche delle piscine, in cui i credenti si bagnano perché sono convinti che quell'acqua, che proviene dalla sorgente, sia miracolosa e guarisca dalle malattie. Ci sono poi fontane da cui i fedeli prendono l'acqua e se la portano a casa nelle loro bottigliette. Io ricordo che in alcune case c'erano bottiglie piene di acqua di Lourdes, ma non ho mai capito se poi quell'acqua si poteva bere o no.

Ancora oggi, i cattolici di tutto il mondo considerano miracolosa l'acqua di quella fonte e sono certi che sia in grado di guarire qualsiasi malattia. Ora però, perché si sappia, gli scettici di tutto il mondo, invece, ritengono la storia di Lourdes una gigantesca fesseria.

In questa lunga polemica, poi, c'è anche un episodio che merita di essere raccontato e che risale agli inizi del ventesimo secolo, epoca in cui credenti e non credenti si sfidavano sulla questione delle apparizioni di Lourdes.

C'era un tale che si chiamava Pierre Claude Falconnet, procuratore generale nel sud-ovest della Francia, precisamente della cittadina di Pau. Di questa, il grande poeta Alphonse de Lamartine scrisse: "Pau è la più bella veduta di terra come Napoli è la più bella veduta di mare". Sapete com'è, detta da un francese, la frase ha per me un suo peso. Ma dicevo del signor Falconnet, che un giorno ordinò in una lettera a un suo subalterno di procedere a dei controlli:

> Egregio signor Dutour, vengo a conoscenza di certi episodi strani. Mi si dice che a Lourdes si stiano preparando finti eventi sovrannaturali, con lo scopo di impressionare il popolo. Possiamo supporre che non ci siano moventi religiosi, ma si tratti di strategie messe in giro da centri rivoluzionari per finalità politiche.

La data sulla lettera è quella del 28 dicembre 1857, un mese e mezzo prima che la pastorella Bernadette si trovasse per la prima volta nella grotta faccia a faccia con la Madonna. Ora, di questo presunto dispaccio non si era mai saputo niente. Fu un certo signor Bonnefon nel 1906, cioè cinquant'anni dopo, a pubblicare la lettera in un suo libro e a polemizzare duramente con tutti quelli che credevano al miracolo di Lourdes. Quando le autorità religiose gli chiesero dove avesse trovato quella lettera, Bonnefon rispose che gliel'aveva data un intermediario di cui, purtroppo, non ricordava il nome.

Ora, c'è chi sostiene che la "nota" di Falconnet sia completamente falsa, basandosi sul fatto che quel 28 dicembre 1857, ovvero la data che appare sulla lettera, cadesse proprio di domenica, quando gli uffici amministrativi erano tutti chiusi e nessun procuratore poteva essere al lavoro. Ma non crediate che sia finita qui. Le polemiche durano ancora oggi e forse non finiranno mai.

Io non so in questa storia dove siano il vero e il falso. Nel *Discorso sul metodo,* il grande Cartesio comincia il suo ragionamento con un elogio del buonsenso. Il filosofo francese sostiene che ognuno di noi ne è fornito quanto basta. Ma possiamo definire il buonsenso? Cartesio dice che "è la facoltà di distinguere il vero dal falso, o almeno, il probabilmente vero dal probabilmente falso". In altre parole, anche Cartesio ci invita a praticare il dubbio, ogni volta che ci sentiamo costretti a esprimere un'opinione. Di se stesso raccontò: "Sono stato istruito nelle lettere fin da ragazzo. Poi, appena terminati gli studi, ho scoperto la mia ignoranza".

La Madonna nei sogni

Per fortuna, la Madonna non è in servizio solo quando siamo svegli; la madre di Gesù è una presenza abbastanza frequente anche nei sogni notturni di tante persone. Questo indica certamente che la sua figura è importante a causa della formazione religiosa che abbiamo ricevuto. Io dico che indica anche qualcosa di molto più profondo, come il bisogno di stare con Lei nei momenti di riposo, addirittura quando stiamo dormendo e sicuramente avvertiamo intensamente la necessità di essere protetti. In questo caso, nessuno meglio della Madonna ci aiuta, perché non venitemi a dire che qualcuno vi ha mai raccontato un sogno in cui la Madonna aveva il ruolo della cattiva! Se in uno qualsiasi dei nostri sogni c'è Lei, possiamo stare certi che abbiamo bisogno di qualcosa, e che la sua presenza è il segno che in quel momento il cielo ci sta ascoltando, al massimo in cambio di una decina di Ave Maria.

Il rapporto tra la Madonna e i nostri sogni fu analizzato, tra gli altri, da Carl Gustav Jung, lo psicanalista che fu l'allievo prediletto di Sigmund Freud, prima che i due cominciassero a pensarla diversamente e poi addirittura a litigare. Jung condivideva in pieno la scelta fatta dal Concilio di Trento di incoraggiare il culto della Beata Vergine. Perché dovete sapere che prima di quel Concilio, che si tenne nel sedicesimo secolo, la Chiesa non riteneva la mamma di Gesù una figura così centrale come invece accade oggi.

Lo studioso Riccardo Bernardini in un suo libro dal titolo: *Jung a Eranos. Il progetto della psicologia complessa*, riferisce che in occasione dell'Anno Santo del 1950, quando papa Pio XII proclamò il dogma dell'Assunzione della Vergine, Jung

> si dichiarò pieno di entusiasmo per il punto di vista cattolico. Per lui era il contenuto simbolico del dogma che aveva l'importanza più grande. Egli vi vedeva l'estensione di ciò che, nella Trinità, è soltanto maschile a una "quaternità" con un principio femminile, dunque a una totalità.

In parole povere, Jung faceva anche della Madonna una divinità. Gli pareva inspiegabile che i cattolici fossero così maschilisti quando si trattava di figure religiose, e poi così mammoni, così legati alle donne nella vita quotidiana. La contraddizione è evidente. Per questo la Trinità che lui preferiva era una Quaternità, in maniera che potesse contenere pure Maria, la figura femminile.

Recentemente la rivista di psicologia "Impronte" ha pubblicato sull'argomento un articolo molto interessante di Venicio Perilli. Il testo chiarisce bene quali siano, secondo Jung, i fondamenti culturali che intervengono nella nostra psiche:

> L'archetipo Anima, come osserva Jung, segue quattro gradi di sviluppo, correlati all'erotismo e rappresentati da quattro personificazioni femminili. La prima figura è quella di Eva simbolo del femminile da fecon-

dare, del rapporto puramente istintivo-biologico. La seconda è quella di Elena, il femminile diventa individuo e nel rapporto con lei domina il romanticismo, l'estasi e la sessualità. La terza è la Vergine Maria, nella quale l'Eros si trasforma in devozione spirituale. Il quarto ed ultimo grado di sviluppo è personificato da Sophia, ossia l'eterno femminino, che simboleggia la saggezza e trascende tutte le manifestazioni umane, persino quelle più pure e sante.

Se volete, potete anche leggere l'ultima, quella di Sophia, come la personificazione di Sophia Loren, ma credo che l'autore non pensasse a lei. Piuttosto, voleva dire che la Madonna trasfigura il nostro archetipo erotico secondo un principio di devozione spirituale. Nonostante noi uomini continuiamo a vedere nella donna soprattutto l'oggetto dei nostri appetiti sessuali, la Madonna diventa per noi una specie di interruttore. Resta un simbolo di femminilità, eppure la sua immagine, quando appare nella nostra mente o nei nostri sogni, ci porta improvvisamente in una dimensione più elevata, che non prevede più la presenza del desiderio fisico e della carne. Ditemi voi se questo non è un miracolo.

I sogni mi riportano alla mente il grande filosofo francese Cartesio. Una notte fece tre sogni, tutti angosciosi. Nel primo era circondato da un gruppo di fantasmi che lo costringevano a ruotare su se stesso come una trottola, nel secondo si vedeva sommerso da una pioggia di scintille infuocate, nel terzo veniva aggredito da un uomo che volle per forza recitargli una poesia dal titolo *Est et non*. Vi confesso che io non ho mai capito bene il significato dei tre sogni. Cartesio li interpretò come un messaggio divino dal quale ricavare il senso autentico della sua vita. Chissà perché, per capirci di più decise di recarsi al santuario della Madonna di Loreto. Lì, pensò lui, avrebbe finalmente colto i segnali che gli provenivano dal cielo. Ma questi segnali tardavano ad arrivare, e allora Cartesio perse la pazienza e se ne andò. Vide in quel silenzio un invito a lasciar perdere le scienze astratte che aveva praticato fino a quel giorno, come ad esempio la religione e l'astrologia, e a dedicarsi alle scienze esatte, soprattutto la matematica.

Mi dicono invece che nella Smorfia sognare la Madonna corrisponde a vari numeri. Ce n'è uno più generale che è il 53, attribuito complessivamente ai sogni in cui appare la madre di Gesù. Ma tutto cambia se l'autore del sogno parla alla Madonna, in questo caso va giocato il 65. Non chiedetemi perché, ma se per caso la vostra Madonna dovesse piangere, il numero diventa il 34. Pare che questa circostanza voglia dirci che abbiamo commesso degli errori e che ne pagheremo le conseguenze.

*Quando ero un ragazzino di dieci anni anch'io avevo un sogno, che non riguardava la Madonna. Quel sogno nasceva dal mio amore per la lettura dell'*Odissea *di Omero, e in particolare per quel meraviglioso trucco usato da Ulisse con Polifemo. "Mi chiamo Nessuno" disse l'eroe al gigante per ingannarlo. Ero talmente affascinato da quella leggenda che un giorno, preso dall'entusiasmo, dissi a mio padre che da grande avrei voluto cambiare nome.*

"Papà, anch'io voglio chiamarmi Nessuno."

"Guagliò, tu pensa invece a diventare Qualcuno e non scocciare!"

La Madonna di Fátima

Una storia a tre dimensioni

Un giorno un re ordinò a un pittore di dipingergli un quadro che raffigurasse la natura. L'artista accettò immediatamente a patto, però, di mostrare l'opera solo quando l'avesse finita. Passarono molti anni e il pittore non si decideva mai a consegnare il quadro, finché un bel giorno il re lo fece convocare a corte.

"Allora" disse "è pronto questo benedetto quadro? Sì o no?"

"È pronto" rispose il pittore "ma sei tu, o mio amatissimo sovrano, a non essere pronto."

"Non ho capito: a cosa non sarei pronto?"

"A capire il quadro."

"Caro mio" continuò il re "questo non spetta a te deciderlo. Io comunque ti ho pagato e voglio vedere il quadro subito, bello o brutto che sia."

Il pittore allora fece introdurre il quadro nella stanza del trono. L'opera era meravigliosa: ritraeva un enorme paesaggio nuvoloso con montagne, fiumi e vallate, e appariva agli occhi di chi lo guardava non a due ma a tre dimensioni.

"È bellissimo" commentò il re "ma non vedo che cosa ci sia da capire. Il solo dettaglio che m'incuriosisce è questo sentiero che tu hai dipinto qui, sul fianco destro della montagna. Secondo te dove porta?"

Il pittore non rispose, ma s'incamminò proprio per quel sentiero e sparì per sempre.

Questa storia la raccontava un certo Bhagwan Shree Rajneesh, un filosofo indiano che, nonostante fosse un filosofo, praticava addirittura l'umorismo. Detta con altre parole, la storia segna la differenza che passa tra il visibile e il non visibile. Il re, ad esempio, pur essendo un grande monarca, non era capace di capire il fenomeno che aveva di fronte.

Prendete ad esempio le apparizioni della Madonna: quasi sempre capitano a chi ha la semplicità per vedere chiaramente. A Fátima i fortunati erano analfabeti, come Bernadette: si chiamavano Francisco, Giacinta e Lucia ed erano tre pastorelli portoghesi che un giorno camminavano con il loro gregge nei dintorni di un paesino chiamato per l'appunto Fátima. Fossero stati, invece, tre scienziati forse non avrebbero nemmeno capito che quella che era apparsa loro era la Madonna. Ora, però, per essere ancora più chiari, il periodo in cui avvenne l'apparizione era un momento drammatico per tutta l'Europa. Si trattava, infatti, del 1917, anno in cui ancora si combatteva la Prima guerra mondiale. La Vergine Maria, in una delle sue sei apparizioni, spiegò ai bambini che la guerra sarebbe finita presto, ma che il mondo doveva restare lo stesso in allarme, perché, entro pochi anni, c'era il rischio che scoppiasse un'altra guerra mondiale.

Sembra, quindi, che, con le apparizioni a Fátima, la Madonna sia entrata direttamente nei problemi politici dell'epoca. A detta dei pastorelli, la Madonna rivelò i famosi tre segreti, o meglio, un unico lungo segreto diviso in tre parti. Raccomandò ai bambini che non li raccontassero a nessuno e loro, infatti, tennero la bocca chiusa. Poi accadde che due dei tre bambini, Francisco e Giacinta, morirono nel giro di pochi mesi, tra il 1919 e il 1920, colpiti da un'epidemia di influenza spagnola, motivo per cui a conoscere il segreto di Fátima restò la sola Lucia, che anni dopo diventò suora. Lucia per molti anni non raccontò niente a nessuno, finché, nel 1941, grazie a un vescovo che la interrogò con grande passione, Lucia cominciò a parlare.

Ora Lucia, detto fra noi, disse e non disse. Spiegò che del segreto diviso in tre poteva svelare al momento solo le prime due parti, dopodiché consegnò al vescovo una busta, del cui contenuto fu messo a conoscenza anche il pontefice. Circa un anno dopo, il papa svelò i due segreti.

Il primo è quello che parla dell'inferno. Dice infatti:

> Ci trovammo in un mare di fuoco che sembrava stare sotto terra e immersi in quel fuoco c'erano i demoni e le anime, come fossero braci trasparenti, nere o di bronzo, avevano forma umana e fluttuavano nell'incendio.

Il secondo segreto, invece, parla di una guerra imminente e della rivoluzione comunista che proprio in quei mesi stava scoppiando in Russia. In particolare dice:

> Vi ho mostrato l'inferno. Per salvare i peccatori dalla dannazione, Dio vuole stabilire nel mondo la devozione al Mio Cuore Immacolato. Se farete quello che vi dirò, molte anime si salveranno e avranno pace. La guerra sta per finire, ma se non smetteranno di offendere Dio, nel regno di Pio XI ne comincerà un'altra peggiore. Quando vedrete una notte illuminata da una luce sconosciuta, sappiate che è il grande segnale che Dio vi dà: si appresta a punire il mondo per i suoi

delitti, per mezzo della guerra, della fame e delle persecuzioni alla Chiesa e al Santo Padre.

Per impedire tutto questo, tornerò a chiedere la consacrazione della Russia al Mio Cuore Immacolato e la comunione riparatrice nei primi sabati. Se ascolterete le Mie richieste, la Russia si convertirà e avrete pace; diversamente, diffonderà i suoi errori nel mondo, promuovendo guerre e persecuzioni alla Chiesa. I buoni saranno martirizzati, il Santo Padre dovrà soffrire molto, diverse nazioni saranno annientate.

Tutto fu più difficile, invece, per il terzo segreto. Lucia disse di non sentirsi pronta a rivelarlo, ma quando nel 1943 si ammalò gravemente, il vescovo di Fátima, monsignor de Silva, insistette perché la suora si decidesse a svelarlo: temeva che Lucia portasse con sé il segreto nella tomba. Non fu così semplice: Lucia raccontò che lei più di una volta aveva cercato di mettere tutto per iscritto, ma che uno strano dolore le aveva impedito di farlo ogni volta che aveva preso la penna.

E come si sbloccò la situazione? Incredibile a dirsi: secondo Lucia con un intervento della Madonna stessa. La Vergine apparve ancora una volta e disse che la rivelazione del terzo segreto era una cosa voluta proprio da Dio. Lucia, allora, scrisse il terzo segreto in una lettera ma il vescovo de Silva non ebbe il coraggio di aprirla, perché lo sentiva come una responsabilità troppo grande.

"Diamola al papa" disse.

Ma il Vaticano non accettò l'invito e si decise allora che, alla morte di monsignor de Silva, la lettera sarebbe stata inviata direttamente al patriarca di Lisbona, tale padre Cerejeira.

Tutto a un tratto venne fuori una nuova soluzione che, sempre secondo la pastorella, era stata suggerita dalla stessa Madonna: la busta si sarebbe aperta dopo la morte di Lucia e comunque non più tardi del 1960. Quando arrivò il 1960, nemmeno Giovanni XXIII se la sentì di svelare il contenuto e così fecero anche i suoi successori Paolo VI e Giovanni Paolo I, che come sapete fu papa soltanto per un mese.

E così, per questo motivo, il terzo segreto venne svelato solo quarant'anni dopo, e precisamente nel 2000 per volere di papa Wojtyła.

Lucia aveva scritto:

> Dopo le due parti che già ho esposto, abbiamo visto al lato sinistro di Nostra Signora un poco più in alto un angelo con una spada di fuoco nella mano sinistra, scintillando emetteva grandi fiamme che sembrava dovessero incendiare il mondo intero, ma si spegnevano al contatto dello splendore che Nostra Signora emanava dalla sua mano destra verso di lui. L'Angelo indicando la terra con la mano destra, con voce forte disse: "Penitenza, Penitenza, Penitenza!". E vedemmo in una luce immensa che è Dio qualcosa di simile a come si vedono le persone in uno specchio quando vi passano davanti e un Vescovo vestito di Bianco, abbiamo avuto il presentimento che fosse il Santo Padre. Abbiamo visto vari altri vescovi, sacerdoti, religiosi e religiose salire una montagna ripida, in cima alla quale c'era una grande Croce di tronchi grezzi come se fossero di sughero con la corteccia; il Santo Padre, prima di arrivarvi, attraversò una grande città mezza in rovina e mezzo tremulo con passo vacillante, afflitto di dolore e di pena, pregava per le anime dei cadaveri che incontrava nel suo cammino; giunto alla cima del monte, prostrato in ginocchio ai piedi della grande Croce venne ucciso da un gruppo di soldati che gli spararono vari colpi di arma da fuoco e frecce, e allo stesso modo morirono gli uni dopo gli altri vescovi e

sacerdoti, religiosi e religiose e varie persone secolari, uomini e donne di varie classi e posizioni. Sotto i due bracci della Croce c'erano due angeli, ognuno con un innaffiatoio di cristallo nella mano, nei quali raccoglievano il sangue dei Martiri e con esso irrigavano le anime che si avvicinavano a Dio.

Ognuno ha interpretato il terzo segreto a modo suo. C'è chi pensa che sia incompleto e si è messo ad aspettare il quarto.

Mio padre non ha mai creduto a una sola parola delle tante dette da mio zio Luigi. Anzi, per far capire chiaramente come la pensava sul suo conto, lo chiamava "'o pallista" ovvero "il mentitore". Ma zio Luigi era la persona della mia famiglia che preferivo: non era sposato, era un bell'uomo brillante, amava i cavalli e sperperava i soldi. Ogni tanto diceva di essere a conoscenza di grandi segreti. Una sera, mentre aspettavamo la cena, zio Luigi comunicò a mio padre che tramite un amico che lavorava nei servizi segreti aveva saputo che Hitler era italiano e non tedesco, come credevano tutti. Quest'amico gli aveva sussurrato pure che il Führer era nato a Predappio, come Mussolini. Mio padre non ebbe la forza di rispondere niente, si alzò dalla tavola e uscì dalla stanza. Zio Luigi non si arrese e lo seguì fino in camera da letto.

"Eugè" diceva tallonandolo nel corridoio "ma non lo vedi che Hitler è mascherato? Non ti sei accorto che i capelli sono finti? Quello è un parrucchino, e non è venuto nemmeno tanto bene. Per non parlare dei baffetti, sono finti pure quelli. Eugè, non è un uomo: è una macchietta. E non vedi che fa quando parla tedesco? Esagera apposta, e sai perché? Per sembrare un tedesco."

Le Madonne piangenti

Civitavecchia

Diciassette anni fa, a Civitavecchia, una Madonnina ha cominciato a piangere. E come succede quasi sempre, piange sangue. Non è la prima volta, e volete sapere come la penso? Non sarà l'ultima. Vi racconto in due parole la storia di questa Madonnina, una storia che probabilmente molti di voi già conoscono. Agli inizi del 1995, un parroco di Civitavecchia si recò in pellegrinaggio a Medjugorje e lì acquistò la statuetta della famosa Madonna piangente. Tornato a casa, la regalò a una famiglia della cittadina laziale, che la sistemò nel giardino di casa. Un giorno, la figlioletta di cinque anni si accorse che dal volto della Madonnina scendevano strane gocce di colore rosso. La bambina corse dal padre per avvertirlo e il padre andò a chiamare il prete. Il parroco arrivò a casa di questa famiglia e vide con i suoi occhi che sul viso della Madonnina, quella da lui stesso comprata, c'era in effetti qualcosa che somigliava a lacrime di sangue. Naturalmente, avvertì il vescovo.

Nel giro di pochissimo tempo, la voce si sparse. Anche Civitavecchia aveva il suo miracolo e quindi cominciarono ad arrivare curiosi, giornalisti, telecamere, pellegrini pieni di fede. La folla si fece così numerosa che la Chiesa locale decise di spostare la Madonnina dal giardino di quella casa per sistemarla prima in un luogo segreto, poi nella chiesa di Sant'Agostino, dove attualmente è custodita. Furono subito ordinate perizie scientifiche, e i risultati degli esperti che si occuparono delle analisi dissero due cose interessanti: la prima è che nella statuetta non era stata trovata traccia di alcun dispositivo che giustificasse quella fuoriuscita di sangue e la seconda è che quel sangue era umano. Ma il fatto curioso è che si trattava di sangue di un maschio. Io la "Madonna maschio" non me la immagino. Questo vuol dire che dobbiamo credere alle lacrime, e non farci domande sul perché quel sangue sia maschile. Per chi ha fede tutto ciò è semplicissimo, anzi addirittura naturale. Per chi è scettico è più complicato.

Le Madonne piangenti sono tante, più avanti vi parlerò di episodi analoghi. I credenti più fervorosi sostengono che una quantità così abbondante di casi dimostra che questi fenomeni devono per forza essere manifestazioni sovrannaturali, segni che provengono dal cielo.

Vedete, io da molti anni mi porto addosso una condanna. Sono ingegnere. Voi direte: "De Crescè, e questa sarebbe una condanna?". E io vi risponderò subito: "Certo che lo è". Mi spiego meglio. Un ingegnere è condannato dalla sua formazione ad appartenere agli scettici, è sempre tentato di mettere in dubbio ciò che non è scientificamente dimostrato. Un individuo, una volta che sceglie di diventare ingegnere, nega un po' a se stesso l'opportunità di credere in qualche miracolo, almeno ogni tanto. Diventa rigoroso, ragionatore, non gli basta che un fatto sia suggestivo, vuole che sia certo. Devo dire la verità, io mi sento un ingegnere un po' particolare. Ho la mia bella dose professionale di scetticismo, ma non mi sento né credente né non credente: ho sempre preferito dire che sono sperante.

Ora chiedo: secondo voi la scienza e i numeri possono veramente darci sempre delle certezze? A sentire Bertrand Russell, un grande matematico e filosofo americano del Novecento, bisogna stare molto attenti. Nemmeno la logica – diceva lui – può darci certezze se ragioniamo col metodo dell'induzione. Cosa voleva dire? Lo spiegava con la storiella di un tacchino. Questo tacchino, che lui chiamava induttivista, un giorno venne trasferito in un allevamento nuovo, e qui gli venne voglia di capire la logica che governa il mondo, così da poter prevedere gli eventi futuri in modo scientifico. Per prima cosa, dopo alcune settimane di osservazione, si accorse che ogni mattina, sempre alle nove, l'allevatore gli portava da mangiare. Questo poteva già condurlo a una prima conclusione: si mangia la mattina alle nove. Ma il tacchino induttivista era prudente, non affrettò i suoi giudizi. Annotò cosa accadeva nei giorni freddi e cosa accadeva nei giorni caldi. Il mangiare arrivava sempre alle nove. Annotò cosa accadeva nei giorni in cui pioveva e cosa accadeva nei giorni in cui splendeva un bel sole. Il mangiare arrivava sempre alle nove. Annotò cosa accadeva di lunedì e cosa accadeva di martedì, e così via fino alla domenica. Il mangiare arrivava sempre alle nove. Ormai l'anno stava per finire, era il 24 dicembre, e il tacchino si sentì pronto a trarre conclusioni. "Dopo tutte le mie osservazioni" pensò appena sveglio "posso finalmente dire con certezza che il mangime mi viene portato sempre alle nove di mattina. Ora sono quasi le nove, tra un po' arriverà quello di oggi." Infatti l'allevatore non tardò, ma non portava da mangiare. Prelevò il tacchino dalla sua gabbia, lo scannò, lo cucinò e infine lo portò in tavola. Sapete com'è, era la vigilia di Natale.

    Russell voleva dirci che, per quante osservazioni noi facciamo, non giungeremo comunque a conclusioni certe, poiché le possibilità sono infinite. Se il tacchino non fosse stato un induttivista ma uno scienziato, avrebbe capito che osservare ciò che accadeva ogni giorno era solo una perdita di tempo. Lui doveva solo capire che a Natale, per i tacchini come lui, c'è poco da festeggiare.

Siracusa e Maropati

Nell'estate del 1953 cominciò a piangere un quadro di gesso e maiolica appeso a una parete della casa di una famiglia di Siracusa. Si trattava di un bassorilievo del Cuore Immacolato di Maria, regalo di nozze fatto pochi mesi prima da una cognata. Si dice che il quadro fosse stato acquistato in una bottega del Corso e che fosse costato tremilacinquecento lire. La storia andò così: la padrona di casa, la signora Antonina, una notte si sentì male, era in attesa di un bambino e spesso aveva malesseri che addirittura le annebbiavano la vista. Quella notte, però, le sue sofferenze furono molto più intense, tanto che a un certo punto Antonina ebbe la sensazione di non vederci più. Tentò di spalancare gli occhi, ma davanti a sé vide solo buio. Trascorse in quello stato diverse ore, sempre restando a letto. Quando fu quasi mattina, improvvisamente sentì una goccia bagnare il suo viso, si accorse che riusciva a rivedere la luce, lanciò uno sguardo verso il quadro alle sue spalle e vide che la Madonna lacrimava abbondantemente. Antonina naturalmente restò turbata, guardò con maggiore attenzione e osservò che la Madonna stava effettivamente continuando a lacrimare. Aveva l'animo così agitato che avvertì subito il marito e poi anche i vicini. Nel giro di un paio d'ore la sua casa fu presa d'assalto da centinaia di conoscenti e curiosi, la notizia si era sparsa immediatamente. Raccontano che alcuni, tra coloro che stazionavano nella sua camera da letto, fossero addirittura riusciti a bagnare il proprio fazzoletto con le lacrime della Madonna. Siracusa aveva il suo miracolo, una Madonna che piangeva. Quando le autorità civili ed ecclesiastiche giunsero in casa di Antonina disposero le verifiche del caso. La signora aveva avvolto la Madonnina in un tovagliolo e poi l'aveva chiusa a chiave in un cassetto, per sottrarla all'assalto di tutti quelli che erano corsi in casa sua. Il parroco e il questore, che invece erano lì in visita ufficiale, portarono con sé una commissione di esperti e anche un chimico. Riuscirono a rilevare che dagli occhi fuoriusciva del liquido, che attraversava le guance e si raccoglieva più in basso, proprio nella mano della Madonna. Alla fine fu steso un verbale nel quale si certificava che il quadro, all'altezza degli occhi, non aveva alcuna fessura da cui potesse sgorgare il liquido. La sostanza che i chimici analizzarono fu identificata come "di analoga composizione del liquido lacrimale umano". Il risalto che ebbe questa storia fu enorme. E dopo alcuni mesi la Chiesa si pronunciò, dichiarando che a suo avviso si trattava di un evento miracoloso. Da allora, anche Siracusa è diventata meta di milioni di pellegrini, e infatti fu necessario esporre al più presto il quadretto in piazza Euripide. Dopo alcuni anni fu costruita una stele di pietra bianca e dal 1968 questa stele fu portata nel parco del santuario eretto apposta per la Madonna delle Lacrime di Siracusa.

Maropati è un bel paesotto in provincia di Reggio Calabria. Qui, sul finire del 1970, accadde un altro episodio prodigioso legato al quadro di una Madonna che, a un certo punto, iniziò a piangere lacrime di sangue. La casa in cui avvenne il fatto era di un certo avvocato Cordiano, un tale che in passato era stato anche sindaco di Maropati, un sindaco comunista. Scusate se sottolineo la sua appartenenza politica, ma è chiaro che in questo modo la storia assume un'aria un po' più suggestiva. Ora, questo avvocato Cordiano, era circondato da persone che avevano tutte una fede solidissima. In casa con lui vivevano due sorelle, entrambe suore. Sua madre aveva avuto per anni l'abitudine di riunire in casa, ogni santo giorno, i vicini e qualche parente per recitare tutti insieme il Rosario, e sto parlando di quello in versione completa. In più, era piena di fervore religioso anche sua moglie Katia. Fu proprio lei, una mattina di dicembre, la prima ad accorgersi che c'erano macchie di sangue, sia sulla parete alle spalle del letto, sia sulla federa del cuscino sistemato in corrispondenza del quadro della Madonna. La signora Katia restò piuttosto spaventata da quella scoperta, e inizialmente decise di far sparire quelle strane tracce rosse e di non raccontare niente al marito e ai figli. Ma dopo un paio di giorni rivide quelle macchie. Lo disse all'avvocato Cordiano che in effetti verificò l'esistenza di quel sangue che sembrava cadere proprio dal quadro. Devo aggiungere che le macchie non furono il solo fenomeno inspiegabile che avvenne in quei giorni in casa dell'ex sindaco, infatti lui, sua moglie e i figli raccontarono di aver sentito anche dei forti rumori improvvisi. Una sera risuonarono due colpi sulla porta di casa e così andarono ad aprire, ma non c'era nessuno. Una cosa era certa: quando si udivano questi rumori misteriosi, il quadro sanguinava. Una volta che in famiglia si resero conto di questi fenomeni, decisero di parlarne a don Vincenzo, il parroco del paese. Lo sgorgare delle lacrime continuò più volte, e pare che diventasse più intenso con l'avvicinarsi della Pasqua, proprio in concomitanza col periodo della Passione di Gesù. Nella notte tra il Sabato Santo e il giorno di Pasqua, la famiglia Cordiano era riunita a pregare sotto il quadro della Madonna piangente, compreso l'avvocato, che da Marx era rapidamente passato al cattolicesimo praticante. A un certo punto, videro l'ombra di una croce sulla parete e poi del sangue che proveniva da essa. Anche qui a Maropati, ovviamente, nel giro di poco si scatenò l'attenzione della stampa e dell'opinione pubblica. Le analisi furono affidate a un laboratorio di Reggio Calabria, che accertò che quello era sangue umano.

Ora, io non so se le Madonne piangevano veramente. Ma ammettiamo che piangessero davvero, pensate a quanto diversi siano i motivi per cui piange un uomo e quelli per cui piange una figura divina. La Madonna sicuramente piange per i mali del mondo, magari per la pace che l'umanità dovrebbe trovare, per i tanti dolori che affliggono l'uomo, per i bambini che non riusciamo a proteggere. Io la prima volta che ho pianto avevo nove anni, mio padre mi aveva portato allo stadio, allora il Napoli giocava all'Ascarelli e quella domenica l'avversario era l'Ambrosiana, che oggi si chiama Inter. Perdemmo all'ultimo minuto, anzi all'ultimo secondo. Io iniziai a piangere disperatamente, ma proprio a dirotto. Ammetto che ai mali del mondo, certamente più importanti di quella sconfitta, non ci pensavo nemmeno lontanamente. Però credetemi, il Napoli meritava almeno il pareggio.

MARIA IN GIRO PER L'ITALIA
E PER IL MONDO

Le Madonne nere

Madonna di Oropa

Incredibile a dirsi, ma a volte anche una statua può sentire il bisogno di scappare. Nel quarto secolo dopo Cristo, infatti, la statua di una Madonna nera dovette lasciare in fretta la sua chiesa in Palestina e rifugiarsi in Italia. Oggi è esposta a Oropa, tra i monti del biellese. Per sua fortuna, la Madonna non era sola, di lei si occupò sant'Eusebio, che era pieno di iniziativa e che fuggì portandola con sé. Vediamo come andarono i fatti, e cerchiamo di spiegare cosa ci facesse in Palestina sant'Eusebio, che in realtà era sardo e che da bambino aveva vissuto una terribile esperienza. Suo padre morì da martire, ammazzato dai persecutori dei cristiani. Eusebio ricevette un giorno una lettera di complimenti addirittura da sant'Ambrogio perché, da poco nominato vescovo della diocesi di Vercelli, era riuscito a dare alla comunità della sua zona un'organizzazione di vita in comune, come accade tra i monaci e come a quell'epoca sapeva fare solo la Chiesa d'Oriente.

In quel periodo c'erano dispute molte aspre per questioni che riguardavano la dottrina ed Eusebio era dalla parte degli ortodossi, cioè di coloro che sostenevano il mistero della Trinità. Perciò, fu sempre un avversario durissimo degli ariani, che invece credevano nella superiorità del Padre sul Figlio. Secondo Ario e i suoi seguaci, infatti, Cristo era stato creato dal Padre come gli altri uomini e non aveva sostanza divina. In quegli anni il papa era Liberio, che in giro non riscuoteva grandi simpatie, al punto da essere ricordato oggi come il primo pontefice della storia a non essere diventato santo. Questo papa inviò Eusebio dall'imperatore Costanzo II, figlio del grande Costantino, per convincerlo a convocare un concilio nel quale si potesse finalmente risolvere il lungo litigio tra ariani e ortodossi, che come Eusebio sostenevano la Trinità. Costanzo II, in realtà, non era un arbitro imparziale: aveva molta più simpatia per gli ariani. Infatti, nel concilio che si tenne a Milano nel 355 era presente una larghissima maggioranza di vescovi ariani, nominati proprio dall'imperatore. Quando si misero ai voti le questioni dottrinarie, Eusebio capì di trovarsi in minoranza e rifiutò di firmare gli editti conciliari. L'imperatore non la prese bene e lo punì spedendolo in esilio in Palestina.

Ma il destino aiutò Eusebio, facendo sedere sul trono imperiale Giuliano, uno che sulla dottrina e sugli ariani la pensava diversamente da Costanzo II. Il nuovo imperatore decise che Eusebio poteva tornare in Italia. Ma il rientro non fu affatto semplice. Eusebio lasciò il Medio Oriente portando con sé ben tre Madonne nere. Una di esse, quella poi conservata nel santuario di Oropa, il santo l'aveva trovata sotto le macerie nella città di Gerusalemme. La condusse a Oropa e la tenne nascosta nella cavità dell'enorme masso che ancora oggi è accanto alla chiesa. Secoli dopo, alcuni pastori si accorsero della statua della Madonna nera rintanata nella pietra. La tirarono fuori e in quel luogo fecero erigere una cappella, che a partire dal tredicesimo secolo sarebbe diventata una vera e propria chiesa.

Madonna di Tindari

Proprio in corrispondenza del promontorio su cui hanno costruito il santuario della Madonna nera di Tindari, c'è una spiaggia La zona si trova nella parte orientale della Sicilia, nella provincia di Messina. In effetti, si tratta di una spiaggia piuttosto capricciosa, il mare ne cambia continuamente forma e dimensioni, prima invadendola e poi ritirandosi all'improvviso.

Una storia del luogo racconta che un giorno una mamma e la sua bambina fecero una gita da quelle parti. Ebbene, malgrado fosse molto religiosa, la donna non riusciva ad avere fede in quella Madonna. Il suo, diciamo la verità, era solo un pregiudizio. La vedeva troppo scura, e le sembrava che una Madonna con quella pelle così nera non la potesse aiutare. Ora, pare che la statua fosse lì dal tredicesimo secolo, naturalmente proveniva dall'Oriente. Dovete sapere che in quel periodo nacque nel mondo bizantino un movimento, che in realtà fu una vera ossessione religiosa, a cui fu dato il nome di iconoclastia. Questo movimento volle improvvisamente che tutte le icone, e cioè tutte le immagini religiose, venissero distrutte. Il perché è presto detto. Gli iconoclasti ritenevano che il culto delle immagini fosse peccato e che ogni icona rappresentasse una forma perversa di idolatria. Fu per questo che molte statue sacre furono distrutte, altre per fortuna riuscirono a salvarsi. La Madonna nera che poi finì a Tindari fu una delle tante che scampò a quel curioso massacro.

Ma torniamo alla mamma a cui, diciamo la verità, la pelle nera di quella Madonna non piaceva affatto. In un attimo, si accorse di non avere più la bambina accanto a sé. Era sparita. La cercò e subito si fece aiutare nelle ricerche dagli abitanti della zona. Ma non ci fu nulla da fare, la piccola era introvabile. Qualcuno pensò che fosse finita in mare e fosse stata ormai inghiottita dalle onde di quel mare così imprevedibile. In effetti era andata più o meno così. Dopo pochi istanti, però, la bimba ricomparve su una spiaggia che prima non esisteva e che il mare, ritraendosi, aveva fatto apparire. A tutti sembrò un miracolo, non era mai accaduto niente del genere. Questo prodigio spinse la donna a nutrire un'eterna gratitudine verso quella Madonna nera che dominava il santuario e che proteggeva l'intera zona.

Questo è uno di quei casi in cui la fede nasce dalla soluzione di un fatto personale. Ma in generale io penso che sono presuntuosi quelli che dicono di avere fede o di non averne. Come si può affermare, senza alcun dubbio, di credere nell'esistenza di Dio oppure di essere assolutamente certi che non esista? Io preferisco praticare il Dubbio Positivo. Positivo perché ho sostituito il verbo credere col verbo sperare. Io spero che Dio ci sia e ho paura che non ci sia. Dubitando, chiedendomi così spesso se Lui c'è veramente oppure se non c'è nulla, alla fine è come se stessi continuamente in sua compagnia. Più di chi crede fermamente nella sua esistenza e non ci pensa più.

Madonna di Loreto

Un giorno l'arcangelo Gabriele, mandato da Dio, si presentò a Maria e le annunciò la nascita di Cristo. E questo lo sappiamo tutti. Ma dov'era la casa in cui Gabriele si presentò con la sua importante notifica? Questo è quasi altrettanto facile. Si trovava nella regione della Galilea, a Nazareth, il villaggio in cui i Vangeli di Luca e Matteo raccontano che Giuseppe e Maria vivessero già prima che Gesù nascesse. Infatti, proprio perché era un cittadino di Nazareth, molti chiamano Cristo il Nazareno. Ma se vi chiedessi dov'è adesso questa casa? Ecco, questo sono pochi a saperlo. Una tradizione racconta che sul finire del tredicesimo secolo accadde un fatto curioso, e che adesso l'appartamentino si trovi qui in Italia. Precisamente in provincia di Ancona, a Loreto.

Era il dicembre del 1294, faceva un freddo terribile. Quella piccola costruzione da tanti secoli sorgeva a Nazareth: non immaginate saloncino e doppi accessori. L'immobile era fatto solo di tre rozze pareti poggiate sull'ingresso di una grotta. Quella notte un gruppetto di angeli lo sollevò dal suolo e lo trasportò in Europa. Di solito traslocano gli uomini, in quel caso traslocò tutta la Santa Casa, che momentaneamente fu sistemata in un quartiere della città di Fiume, luogo che oggi appartiene alla Croazia. Ma fu solo una sosta tecnica, necessaria per prendersi un po' di riposo. È vero che erano angeli, ma avevano pur sempre portato una casa sulle spalle per molti chilometri. Quando ripresero il volo, decisero che la sede definitiva doveva essere una foresta fitta di alberi di alloro nella regione delle Marche. Per la verità, ci sono studiosi che alla storia degli angeli non credono troppo. Anche se si è stabilito che, effettivamente, la casa può essere quella originale, perché la pietra di cui è fatta proviene dalla zona della Palestina, la tesi degli storici sostiene che siano state le navi dei Crociati a trasportare quelle mura fino in Italia. Di sicuro, fu un lungo viaggio, per questo la Madonna di Loreto è la protettrice di chi oggi vola in aereo e in generale di tutti gli emigranti. Tante volte, quando ho ballato su un jumbo a 10.000

metri di quota, lei deve avermi aiutato e io nemmeno lo sapevo. Clemente V fu il papa che si prese per primo la responsabilità di stabilire che quelle mura erano autentiche, che erano le stesse in cui per trent'anni Giuseppe e Maria avevano serenamente convissuto.

Inizialmente, a Loreto innalzarono una piccola chiesa attorno alla Santa Casa. Ci vollero quasi duecento anni per decidere che fosse più adatto un vero e proprio santuario. E ce ne vollero trecento prima che i lavori di costruzione della basilica si concludessero. L'opera fu affidata agli architetti più famosi dell'epoca, tra cui Bramante e Antonio e Giuliano da Sangallo. Del resto, la cupola della basilica doveva custodire addirittura la dimora in cui la Madonna un giorno aveva visto arrivare all'improvviso il misterioso Gabriele.

Avrete capito che anche qui c'è una Madonna nera, la cosiddetta Madonna Lauretana, collocata nella Santa Casa dalla fine del 1300. Poi, quattrocento anni dopo, quando dalle sue parti capitò Napoleone col suo esercito, pensò che in Francia potesse fare più bella figura, e trafugò la statua. In verità, durante la cosiddetta campagna d'Italia del 1796 il generale e il suo esercito saccheggiarono chiese e monumenti, decidendo che gran parte dell'arte italiana dovesse trasferirsi in Francia. Qualche mese dopo, Napoleone fece firmare al papa il Trattato di Tolentino, con cui sistemava alcune cosucce nei territori italiani. Per esempio, portò tantissime opere d'arte italiana a Parigi, altre decise di lasciarle. Lasciò anche la statua della Madonna di Loreto, che momentaneamente finì a Roma. È chiaro che non si trattava di una statua fortunata, nel 1921 un incendio la distrusse completamente. Fu il papa dell'epoca, Pio XI, a farla immediatamente rifare. Finalmente la Madonna Lauretana tornò al suo posto.

È scontato che, per tutti i cattolici, Napoleone trafugando la statua sacra aveva commesso un grave peccato. La pensava così anche un mio vecchio compagno dei tempi dell'università, Mario Vallauri. Diceva che un peccato è tale quando si fa del male a qualcuno, ma solo in quel caso.

"Facile a dirsi" gli risposi "ma vallo a spiegare a don Attanasio, il parroco di Santa Lucia. Quando ero ragazzino mi ripeteva che ogni volta che commettevo un peccato, diciamo così, solitario, proprio nel momento culminante san Sebastiano veniva colpito da una freccia."

"Ma quale freccia! Quella colpisce san Sebastiano solo se fai del male al prossimo. Io per esempio faccio l'amore solo con donne consenzienti. Mi dici che male c'è?"

"E il tradimento? Quello secondo te è peccato?"

"Non lo è fino a quando il tradito non lo viene a sapere. Solo a quel punto gli hai fatto del male."

"E le droghe? Con quelle non fai male a nessuno, solo a te stesso."

"Le droghe sono peccato, Lucià. Io ho detto che non bisogna fare del male a qualcuno. E questo qualcuno siamo pure noi stessi. Vuoi sapere qual è il peccato più grande? Il suicidio."

Madonna morenita

Nel 490 avanti Cristo il basilico e il pomodoro si dettero appuntamento nella piana di Maratona.

"Avete visto il pomodoro?" chiese a tutti il basilico, ma nessuno capì di cosa stesse parlando. Il pomodoro infatti non era stato ancora scoperto: si trovava in America e, non essendo ancora nato Cristoforo Colombo, non aveva alcuna speranza di venire in Europa. Il basilico invece era giunto dalla vicina Persia, dove era noto come la pianta del Re (da "basilikon", erba regale). Quando finalmente s'incontrarono, duemila anni dopo, capirono subito che erano fatti l'uno per l'altro: due colori e due sapori talmente diversi, eppure gradevolissimi se mangiati contemporaneamente.

Gli americani non avevano capito che il pomodoro era un condimento: credevano che fosse un frutto e quando ne assaggiavano un pezzettino, lo sputavano subito, facendo una smorfia di disgusto.

"Oh Manitù" erano soliti esclamare "perché mai ci hai regalato un frutto così insapore?"

Giunto in Italia (a Napoli per la precisione), il pomodoro divenne subito di colore rosso (prima era verde) e acquistò la sua tipica forma a lampadina (anche detta di San Marzano). Unitamente al basilico, fu ben presto considerato il principe di tutti i condimenti. Molte pietanze, infatti, fino ad allora immangiabili, grazie al pomodoro e al basilico si trasformarono in piatti eccezionali (spaghetti, pizze e via dicendo). Oggi possiamo ben dire che nella storia dell'alimentazione il pomodoro rappresenta l'equivalente della Rivoluzione francese.

Quando qualcuno vi chiede chi è Cristoforo Colombo, per carità, non rispondete: "Colui che scoprì l'America" bensì, più semplicemente: "Quello che un giorno uscì di casa per andare a prendere i pomodori".

Noi cattolici, in quanto a colorito, abbiamo Madonne di ogni tipo. Bianche, nere, rosa, grigie, bionde, una anche *morenita*, che è come dire "brunetta". Ma per venire incontro ai nostri lettori, cercherò di fare un quadro completo di tutte le Sante Vergini, in modo che poi ognuno possa scegliersi quella che è più in sintonia col suo stato d'animo.

Supponiamo, ad esempio, che io fossi nato in Centroamerica. Ebbene: di chi mi sarei innamorato? Di sant'Orsola Benincasa? Nossignore: sarei finito ai piedi di una Madonna che a partire dal sedicesimo secolo è molto venerata soprattutto in Messico, proprio nel territorio dell'America Centrale su cui Colombo sbarcò più di cinquecento anni fa. Non c'è dubbio che questa Madonna doveva farsi viva per forza in quella terra, a nord di Città del Messico. E sapete perché? Perché aveva la pelle meticcia. La sua leggenda, infatti, ha inizio quando Lei, la Madonna, decise di apparire a un giovanotto indio di nome Juan Diego. È giusto che di questo pastorello io vi riveli anche il cognome, nonostante sia molto complicato da scrivere e da pronunciare. Si chiamava infatti Cuauhtlatoatzin. Ora, dovete sapere che l'intera zona proprio agli inizi del sedicesimo secolo aveva subito una trasformazione traumatica. Erano sbarcati, infatti, i peggiori mercenari spagnoli, che avevano subito imposto a tutto il paese la loro presenza tirannica. Si erano fatti vivi da quelle parti anche perché, come tanti a quell'epoca, cercavano oro e argento. Ebbene, questa indemoniata caccia all'oro, perché si sappia, determinò anche lo sterminio di intere popolazioni.

La grande civiltà azteca venne completamente distrutta. Non riuscì a resistere nemmeno lui, il famoso imperatore Montezuma, che non solo perse il suo trono, ma che prima di morire si volle togliere lo sfizio di lanciare verso gli invasori una maledizione che, non solo a detta degli storici, funziona ancora. Mi riferisco alla famosa dissenteria che colpisce chi viene in questa terra. Forse Montezuma pensò che, tenendo sedute le persone, evitava che andassero in giro a fare danni.

Però torniamo al nostro Juan Diego. Naturalmente la sua avventura è successiva all'arrivo degli spagnoli, lui visse quando ormai molti indigeni si erano convertiti alla religione cristiana. Un giorno il ragazzo si mosse dal villaggio per raggiungere la città e, come al solito, percorse l'altura del Tepeyac. Lui era abituato da sempre alla musica della natura, ma in questo strano 9 dicembre del 1531, non si sa perché, nel bosco il canto degli uccellini era decisamente più armonioso del solito. E non basta: Juan Diego sentì all'improvviso che una donna lo chiamava per nome.

"Juan, Juan, io sono Maria. Ti prego di ascoltarmi."

A questo punto è comprensibile che a Juan Diego venisse l'affanno. Una Madonna non s'incontra tutti i giorni. Ma poi come fai a essere sicuro che sia davvero la Madonna e che invece non sia tu ad aver bevuto troppo?

Juan Diego scelse di ascoltarla e di raccogliere la sua richiesta: "Voglio che ai piedi di questa collina sia costruita una chiesa".

Al ragazzo non restò che cercare qualcuno in grado di aiutarlo. Ma non era facile presentarsi a un'autorità pubblica e dire: "Buongiorno, ho appena visto la Madonna, mi ha detto che vuole una chiesa nel posto in cui l'ho incontrata". Correva il rischio che lo ricoverassero subito all'ospedale più vicino, così Juan Diego si fece coraggio e andò in città, direttamente dal vescovo. Il suo racconto, in verità, non ottenne subito un gran successo. Il vescovo quando ascoltò il suo racconto scosse un pochino la testa e poi gli disse: "Figlio mio bello, ma sei davvero così sicuro di avere visto proprio la Madonna?".

Juan Diego lo guardò e non disse niente. Naturalmente lui era sicuro, ma sapeva che era difficile farsi credere solo con le parole. Il giorno dopo tornò sul Tepeyac e spiegò a Maria che aveva bisogno di una prova. Forse la Madonna quel giorno non aveva niente a portata di mano e disse al ragazzo:

"Vieni domani, figliolo e io ti darò un segno col quale potrai dimostrare a tutti che io sono apparsa".

Juan Diego era pieno di entusiasmo, ma si sentì sfortunato quando, il giorno successivo, lo zio stette malissimo e lui pensò che fosse giusto stargli vicino. Così non andò nel bosco, non poté vedere la Madonna e, perciò, non si procurò nemmeno la prova da portare al vescovo. Era preoccupato per le condizioni dello zio e, infatti, uscì solo per andare a cercare il medico del paese e lungo la strada rivide Maria che gli sorrise.

"Puoi stare tranquillo" gli disse "perché tuo zio sta bene. Ti aspetto sull'altura domani, troverai dei fiori di Castiglia. Saranno la prova che la gente vuole."

I fiori, che erano pure fuori stagione, spuntarono miracolosamente da una roccia arida. Il ragazzo li raccolse, li mise nel mantello che indossava e finalmente andò dal vescovo. Quando aprì il mantello per prendere i fiori, tutti videro chiaramente un'immagine della Madonna che appariva sulla stoffa.

A questo punto tutti furono sicuri, la Vergine ebbe la sua chiesa e anni dopo Juan Diego fu pure fatto santo. Tenete presente che il mantello del ragazzo, su cui era apparsa la Madonna, era un indumento tipico detto "tilmàtli" e tuttora è conservato nella basilica di Nostra Signora di Guadalupe, visitata ogni anno da milioni di fedeli. Quel mantello, un po' come succede al sangue di san Gennaro e alla Sindone, ogni tanto viene studiato da gruppi di esperti. Alcuni analisti lo hanno definito un'opera "acheropita". Non vi spaventate, è una parola che viene dal greco, significa che non è stata realizzata dalla mano dell'uomo, ma ha un autore sovrannaturale. Molti non credono nel sovrannaturale, io invece sono sicuro di avere degli esempi: da tanti anni sono convinto che siano acheropiti anche Napoli e i napoletani.

Madonna di Positano

Pensate un poco, se il quadro di una Madonna bizantina non avesse parlato, a quest'ora Positano avrebbe un altro nome. È questo che racconta la leggenda del luogo, quella che tutti gli abitanti di questo meraviglioso paese conoscono, attraverso le parole del canonico Enrico Talamo in *Monografia della città di Positano*:

> Una nave partita da quelle parti recava a bordo l'Immagine dipinta della Gran Madre di Dio, che stringe nel braccio suo sinistro il Divino Infante, e un bastone sormontato da doppia croce.

Tutto accadde durante una giornata in cui in mare non c'era assolutamente vento e una nave a vela che veniva dall'Oriente si trovava a passare proprio nel tratto del Tirreno che guarda verso la costiera amalfitana. La nave faticava ad andare avanti, quando improvvisamente i marinai sentirono una voce femminile. Sull'imbarcazione donne non ce n'erano, a parte l'immagine della Madonna che avevano a bordo con loro. La voce si fece più comprensibile, diceva: "Posa, posa!".
I marinai non credevano alle loro orecchie. Ma i fatti stavano esattamente così, era proprio il quadro che parlava e che dava l'impressione di voler essere lasciato

lì, per questo continuava a ripetere: "Posa, posa". Il comandante non ebbe dubbi: per lui si trattava di un invito a farsi posare nella zona in cui la bonaccia stava trattenendo da ore la nave. Improvvisamente, un poco di vento si alzò, quanto era necessario per avvicinarsi alla costa. Appena la nave raggiunse la riva, alcuni marinai portarono il quadro tra la gente del villaggio, affidandolo a loro e chiedendo di portarlo subito in chiesa. Allora, siamo intorno al 1200, esisteva la chiesa di San Vito, dedicata al santo che tuttora protegge Positano, un tempio che fu distrutto nel Seicento.

> La trasportarono nella Chiesa di San Vito. Era questa Immagine opera di greco pennello, su tavola dello spessore di quattro dita, lunga undici e larga quattro palmi. Avea sulla testa soprapposto un diadema di oro. È di colore bruno, colla faccia sfumata di rosso, e siede guardando con occhio severo.

Ma forse il quadro non si era fatto capire, in realtà voleva un'altra sistemazione. La mattina dopo, infatti, non era più nel punto in cui l'avevano lasciato. Non si sa come, di notte il dipinto si era trasferito vicino al mare e fu trovato sui rami di una pianta di mirto. I positanesi, che però ancora non sapevano di chiamarsi così, capirono allora che l'arrivo di quel quadro era un vero miracolo, un evento che stava cambiando la storia del loro paese. Decisero, quindi, di costruire una chiesa nel luogo in cui la Madonna era stata ritrovata. Fu quel misterioso "posa, posa", causato dall'assenza di vento, a dare il nome a Positano, uno dei luoghi più famosi di tutto il mondo. Il culto della Madonna fu immediato, le immagini della Grande Madre riempirono ogni angolo del paese, ognuno ne portava una con sé.

Una simile divozione aveano ancora alle pietruzze, che si ritrovano nell'arena del lido del mare. Sono queste perforate, e si tengono come benedette per mezzo della sacra Immagine, quando fu recata in questo lido.

La tradizione vuole che queste pietruzze vadano raccolte il 15 agosto, durante il passaggio della processione della Madonna Assunta per le strade del paese e sulla spiaggia. Molti positanesi cercano la pietruzza bucata che poi metteranno al collo.

Al par delle figure ciascun positanese porta una di queste pietruzze addosso della propria persona. Adopravano sì le figure, che le pietruzze ne' pericoli, che possono incontrare nel corso della vita. Dappoiché se vengono minacciati da tempeste di mare prendono la figura della Madonna, e dopo essersi raccomandati con viva fede la baciano e la buttano nelle acque, e spesso ne ricevono il bramato effetto di vedere cessata la bufera e rimanere liberi dal naufragio. Se da malattie vengono assaliti ripongono le pietruzze perforate in un bicchiere di acqua, e dopo essersi raccomandati alla Gran Madre di Dio con viva fede bevono l'acqua per esserne liberati.

Positano è da anni un luogo frequentato da tanti personaggi famosi, dell'arte, dello spettacolo, soprattutto del cinema. Sophia Loren, ad esempio, a Positano era di casa.
"Io esco pazzo" diceva a noi Champagne ogni volta che la vedeva. Champagne diceva di essere un attore. Lui di cognome faceva De Crescenzo, ma io non ho mai capito se fosse un mio parente. Nel cinema aveva cominciato da figurante e aveva proseguito come stuntman. Il pezzo forte dei suoi racconti riguardava il film La ciociara *di De Sica. Per farlo parlare della Loren, bastava offrirgli un paio di bicchieri di spumante.*

"Se penso alla scena dei marocchini mi sento male."

"Ma è vero che dovevi violentare Sophia Loren?" gli chiedevamo noi.

"Doveva toccare a me, poi all'ultimo momento il dottor De Sica scelse un altro al posto mio. E che era Sophia Loren a quell'epoca!"

"Che era?"

"Una montagna di zucchero, un babà alla crema pieno di rum."

Noi gli riempivano di nuovo il bicchiere e continuavamo: "Champagne, racconta tutto dall'inizio".

"Io capisco che a uno come Mastroianni sembri normale girare una scena d'amore con la Loren. Ma a uno come me, un'occasione così quando capita più? Tu stai lì, in un angolo del set, e a un certo punto De Sica ti dice: 'Tu, vai. Buttati su Sophia e violentala'. Va bene che era finzione, ma sempre sotto dovevo mettermela."

"Ma perché, tu facevi il marocchino?"

"Eravamo in molti a fare i marocchini, ci avevano 'pittato' apposta le facce marroni. De Sica disse veramente così a me e a altri due: 'Voi tre, buttatevi addosso a Sophia e datevi da fare. Due di voi la devono tenere ferma e il terzo le deve mettere la mano sulla bocca per non farla gridare'. Io capii che al terzo, quello della mano sulla bocca, toccava buttarsi sulla Loren e allora mi feci avanti per primo. Ma De Sica mi fermò: 'Nossignore, disse. In mezzo mettiamoci quell'altro, quello con la faccia da fetente'. Voi avete capito? Se tenevo una faccia più da fetente, Sophia toccava a me."

La Madonna di Positano è oggi una statua scolpita da un ignoto artista napoletano del Settecento e sistemata nella bellissima chiesa di Santa Maria Assunta, che i positanesi chiamano Chiesa Madre. Da tempo si è anche deciso di restaurarla. Sento dire che ci sarebbe un problema di colori, quasi come fosse una donna che fa la tintura ai capelli. La Madonna aveva un colorito verdastro, mentre il restauro le ha dato una venatura assai più marcata di azzurro. I fedeli non hanno gradito per niente questo cambiamento: loro la Vergine l'hanno sempre vista verde e vogliono che rimanga verde. Ma pare che i restauratori non abbiano fatto niente di male, sono intervenuti sui fori scavati dai tarli e hanno scrostato le vernici protettive che erano state fissate sulla statua anni fa e che si erano ingiallite. Quindi, hanno ridato alla Madonna il suo colore originario, quell'azzurro tenue che il tempo aveva ormai cancellato.

C'è un fatto che forse pochi sanno. La Madonna di Positano ha il merito di aver accompagnato tante vittorie del Napoli di Maradona. Proprio un'immagine di questa Madonna, infatti, era appesa a una parete del sottopassaggio dello stadio San Paolo, poco prima della scaletta che portava sul terreno di gioco. Perciò, ogni volta che stava per entrare in campo, Diego Maradona si fermava a baciare quel quadro. Credo che oggi quell'immagine non ci sia più, mi dicono da quando, alcuni anni fa, un'alluvione allagò lo stadio. Ancora una volta, quella Madonna aveva l'acqua nel suo destino. Io spero solo che non abbia smesso di proteggere il caro vecchio Maradona e anche la squadra del mio amico Aurelio De Laurentiis.

La Madonna della 'ndrangheta

Gesù, Gesù, Giuseppe, sant'Anna e Maria! C'è una Madonna della 'ndrangheta. Non risulta che sia mai stata direttamente affiliata a una banda criminale o che abbia mai avuto una lupara. Ciononostante, si dice che un giorno sia stata scelta come Madonna della 'ndrangheta proprio dai delinquenti della zona della Calabria.

Un giorno ho conosciuto un gangster, uno della banda di Al Capone, si chiamava Michele Savarese e viveva a Napoli, in una camera ammobiliata, presso la famiglia Santoro. Zio Michele era un vecchio signore, quasi calvo, tarchiato, sempre in giacca e cravatta, che passava la maggior parte del tempo ascoltando musica classica. Unica professione esercitata: finto partecipante alle vendite all'asta di quadri. Noi del palazzo lo chiamavamo zio anche se non era nostro parente. Il fatto è che a Napoli lo stare a pensione in una casa per più di dieci anni fa diventare automaticamente parenti e noi di questo approfittavamo per entrare e uscire dalla sua stanza, per curiosare, toccare e rovistare nei cassetti. Unico posto proibito era un bauletto di legno, tipo ufficiale di marina, che zio Michele teneva costantemente chiuso con un enorme catenaccio. Alla domanda: "Zì Michè, ma che ci tenete in questa cassa?" lui rispondeva sempre: "L'America".

Secondo Giannino, mio amico di scuola e figlio unico dei signori Santoro, nel bauletto, proprio in fondo, c'era nascosto un mitra anni Trenta, uno di quelli col caricatore a tamburo che si vedono nei film di James Cagney. Un'altra delle attrattive della stanza di zio Michele era un incrociatore di legno piazzato sul comò che lui si era costruito tutto da solo. Come ci fosse riuscito lo sa solo Iddio: e già perché, dimenticavo di dirvi, zio Michele aveva un braccio offeso, praticamente paralizzato. Quando doveva fare qualcosa con due mani, di solito poggiava il braccio inerte sul tavolo e usava la mano col guanto nero come se fosse un morsetto a cui fissare il pezzo da lavorare. Poi suonava il pianoforte in salotto, ovviamente con una mano sola, eppure era talmente bravo che in certi punti riusciva a piazzare anche gli accordi. Suonava in genere pezzi tipo 'O marenariello, 'E spingule francese, Lucia Lucì e, quando si era fatta la bottiglia di aglianico, cantava pure.

Il braccio inutile di zio Michele era però anche il fulcro da cui nasceva tutta la sua leggenda. Pare che proprio con quel braccio, zio Michele avesse salvato la vita ad Al Capone durante l'attentato al ristorante nella Cinquantacinquesima strada. L'atto eroico gli valse in seguito il titolo affettuoso di "braccio sinistro di Al Capone" e un vitalizio da parte degli "amici americani". Effettivamente, ogni fine mese, giungeva puntuale dall'America una busta bianca, rossa e blu con su scritto: "Mister Mike Savarese Grand Hotel Santoro via Generale Orsini 15 Naples Italy". I Santoro, infatti, in passato avevano avuto un albergo, il Grand Hotel Esperia, ma un nonno cavallaro e puttaniere si mangiò, tra una corsa di cavalli e una sciantosa, tutto l'albergo, piano dopo piano, sedia dopo sedia.

Ma voglio raccontarvi di questa Madonna della 'ndrangheta, che in realtà si chiama Madonna della Montagna. Il luogo in cui sorge la chiesa è Polsi, una frazione del comune di San Luca, nel bel mezzo dell'Aspromonte. Dicono che i malavitosi delle cosche locali le siano molto affezionati, e che gli abitanti, se hanno grazie da chiedere, si rivolgono sempre a Lei, sicuri di essere accontentati.

La sua storia parte da molto lontano e comincia con un pastorello che si chiamava Italiano e che viveva in quella zona mille anni fa. Italiano un giorno fu costretto a inseguire un bue, scappato dalla mandria, fino al villaggio di Nardello. Qui vide la bestia che scalpitava in modo strano. Non aveva mai visto prima un bue comportarsi in quella maniera. L'animale si era fermato improvvisamente e iniziò a scavare con gli zoccoli, proprio come se stesse cercando qualcosa. Il pastore allora s'incuriosì e si accorse che sotto la polvere sollevata dal bue c'era una croce. Venuta fuori la croce, l'animale non solo smise di scavare, ma s'inginocchiò come fanno gli uomini davanti a un'immagine sacra. A quel punto, Italiano sarebbe anche svenuto se una donna vestita di azzurro non gli fosse apparsa davanti all'improvviso e non gli avesse detto: "Vorrei che in questo luogo sorgesse un santuario dove i fedeli possano venirmi a pregare".

Ebbene, a quel punto c'era poco da dubitare: l'immagine di una donna vestita di azzurro che appare in quel modo e che chiede una chiesa non poteva che essere la Madonna in persona. Il santuario, allora, venne subito edificato per poi essere frequentato non solo dagli abitanti del luogo ma pure dai bovini. Siccome fu un bue a trovare la croce, anche a loro è permesso l'ingresso all'interno della chiesa.

Per dirla tutta, un tempio cristiano lì esisteva già da molto. C'era all'incirca dal terzo secolo, da quando i cristiani erano perseguitati dalle truppe dell'imperatore di Roma e perciò costretti a rifugiarsi in luoghi appartati dove costruivano piccoli edifici per pregare in segreto. Centinaia di anni dopo, intorno al nono secolo, un altro tempietto l'avevano edificato i monaci bizantini. Questi frati si erano stabiliti originariamente sulle coste della Sicilia, ma a un certo punto decisero di scappare a causa delle continue aggressioni dei pirati saraceni. Non a caso già a quei tempi si era soliti esclamare: "Mamma li turchi!".

Ora, però, torniamo alla Madonna di Polsi e purtroppo anche alla 'ndrangheta. Non sono solo i malavitosi di queste zone a esserle devoti, ma quelli di tutta la Calabria. Il 2 settembre, infatti, si celebra la festa della Madonna della Montagna. Ed è il giorno in cui sul sagrato della chiesa di Polsi c'è la curiosa tradizione di sparare in aria colpi di pistola. Si tratta di una tradizione difficile da estirpare, anche se il vescovo ha più volte cercato di impedirla. Si dice che fino a pochi anni fa era considerato del tutto normale presentarsi armati anche all'interno della chiesa durante la messa.

Ci sono magistrati ed esperti di 'ndrangheta pronti a giurare che proprio nel giorno della festa il santuario ospiti spesso riunioni in cui i capimafia prendono decisioni importantissime, creano nuove alleanze, eleggono i loro capi e accolgono i nuovi membri. Praticamente la 'ndrangheta è riunita, quelli che contano si trovano tutti lì. Cara Madonnina, non pensi che sia la circostanza giusta per fare un miracolo?

Come vedete, esiste un legame molto forte tra la malavita locale e la cosiddetta Madonna della Montagna che sta a Polsi. Questo legame nasce dalla scelta di alcuni boss della zona di tenere custodite proprio qui le Dodici Tavole della 'ndrangheta, cioè le regole sacre che ogni affiliato deve rispettare, pena la morte.

Un sociologo tedesco di nome Tönnies scrisse un'opera fondamentale dal titolo *Gemeinschaft und Gesellschaft* (Comunità e società), uno studio sulle organizzazioni umane. La prima delle due parole designava le associazioni basate sull'Amicizia, la seconda quelle basate sulla Legge. Ora, la Gemeinschaft ha una struttura verticale, una gerarchia e quindi un capo. Detto in altre parole, la Gemeinschaft è una società che pretende l'ossequio del più debole verso il più forte e di conseguenza anche una fedeltà reciproca. Qui, infatti, trionfano alcuni modi di dire come ad esempio: "È persona mia", "Per voi questo e altro", "Quale onore!". La Gesellschaft invece, grazie a Dio, è più orizzontale, più libera, e quindi più tipica delle società di marca anglosassone.

A questo punto, allora, va chiarita una cosa, anche se Tönnies non l'ha mai detta. La mafia, la camorra e la 'ndrangheta è Gemeinschaft, se anche un giorno diventassero associazioni d'amore e non di crimine, non sarebbero mai dei centri di libertà.

Se esistesse veramente un regno dell'amore, la capitale non potrebbe che essere Napoli. Se invece esistesse un regno della libertà la capitale sarebbe Londra. Una volta ho visto un inglese che aspettava l'autobus e che faceva la fila da solo. Come ho capito che era in fila? Si vedeva dalla faccia.

I madonnari

Chiarito che per madonnari intendiamo quegli artisti che disegnano Madonne sui marciapiedi delle città, avreste mai immaginato che hanno una loro associazione? Ovvero che pagano una retta mensile e che di tanto in tanto vanno pure a votare per eleggere un "capomadonnaro", un presidente, un vicepresidente, un segretario se non addirittura una Madonna e una vicemadonna da disegnare più delle altre. Dovete sapere che i madonnari sono tipici della tradizione italiana, ma li conoscono bene anche all'estero, per esempio nei paesi anglosassoni. Sapete che accade? Si regolano come succede coi maccheroni e con la pizza, cioè non hanno il coraggio di tradurre nella loro lingua un nome così italiano. Quindi, anche gli inglesi e gli americani chiamano "madonnari" questi artisti di strada.

Ciò detto, confessiamolo apertamente, noi ogni volta che abbiamo visto su di un marciapiede il disegno di un madonnaro abbiamo sempre pensato: "Gesù, Gesù, ma questo è un capolavoro! Come minimo dovrebbe essere esposto in un museo! Ma che ci fa uno così in mezzo a una strada?".

Un paio di regioni italiane, infatti, come ad esempio il Piemonte e la Puglia, hanno emanato addirittura dei decreti per tutelare l'esistenza dei madonnari e hanno fatto di tutto per difenderli da quegli amministratori comunali che, invece, con la scusa di tenere pulite le strade, impedivano loro di dipingere qualsiasi Madonna. Ma mi dicono che molti sindaci e assessori, soprattutto della Lega, se ne infischiano di queste leggi regionali e ne impongono altre che vietano ai madonnari di dipingere per terra, sull'asfalto. Credono che sia questo il modo per tenere pulita la città.

Ora io, quando penso a questi artisti, penso sempre a Renato Guttuso, che nel film FF.SS. – Cioè: "... che mi hai portato a fare sopra a Posillipo se non mi vuoi più bene?" *di Renzo Arbore, accettò di apparire (gratis) nel ruolo di un madonnaro. Nell'inquadratura si vede prima l'immagine che sta dipingendo e poi Guttuso in carne e ossa che ci sta lavorando.*

Io avevo un nonno che era un pittore ed era considerato un paesaggista di valore. Frequentò le Belle Arti a Napoli, insieme con Antonio Mancini e Giovambattista Amendola. So che ancora oggi il Palazzo Reale di Napoli ha una sua opera che raffigura Vittorio Emanuele III da bambino e che il re acquistò da mio nonno. Ai primi del Novecento, due suoi dipinti dal titolo Agosto *e* Posillipo *furono acquistati dal Municipio di Napoli. Mi domando che fine abbiano fatto oggi quei quadri, se sono tuttora esposti a Palazzo San Giacomo. Vorrei tanto vederli, e anzi chiedo ufficialmente al sindaco di aiutarmi in questa ricerca. Mi rendo conto che ha mille altri pensieri, ma può essere l'occasione per prendere un caffè con lui.*

Mio padre mi raccontava che quando, verso la fine dell'Ottocento, fu inventato il telefono, un tecnico dell'azienda di Stato venne un giorno a casa a spiegarne il funzionamento a mio nonno, il cavaliere Giuseppe De Crescenzo.

"Don Peppì" gli disse il tecnico vedendolo alquanto so-

spettoso *"il telefono in fondo non è altro che una cassetta di legno che sta attaccata al muro. A un certo momento la cassetta si mette a suonare e voi andate a rispondere."*

"Come come?" lo interruppe mio nonno. *"Lei suona e io devo andare a rispondere?"*

Mio nonno nella sua illuminata ignoranza aveva subito individuato il difetto principale del progresso: quello di non saper chiedere permesso. Il progresso entra e obbliga tutti a rispondere. Giuseppe De Crescenzo era veramente un artista.

È proprio uno strano destino quello che si sceglie il madonnaro. La sua è arte che svanisce, perché la gente ci cammina sopra, e che poi sparisce definitivamente appena cade un po' di pioggia, perché in fondo tutto è disegnato solo con dei gessetti.

A questo punto, però, mi si dice che in Italia esista una vera e propria tradizione che risale addirittura al 1600. Quest'arte ha rischiato di sparire completamente durante il Novecento, quando i praticanti erano diventati pochissimi. Poi, una specie di "revival del madonnaro" ha salvato e riportato in vita questa tradizione del disegno sacro sui marciapiedi di molte città.

Ora, a volere essere sinceri, i disegnatori di strada non si limitano più a ritrarre esclusivamente il volto della Madonna come accadeva in passato. Ci sono disegnatori di strada che fanno molto di più. Fra questi, il più conosciuto è americano e si chiama Kurt Wenner. Credo che ormai da molto tempo si sia trasferito definitivamente in Europa, e che spesso sia proprio in Italia. Con un po' di fortuna, lo si può incontrare per le strade di Roma. Se vi capita, vi consiglio di fermarvi, ne vale veramente la pena. Questo Wenner lo riconoscerete subito dai disegni incredibili che realizza, immagini in cui sembra si possa cadere dentro, che hanno una profondità che pare autentica, grazie alla sua capacità di usare in modo eccezionale la prospettiva.

"Un mio amico muratore" raccontò un giorno Salvatore, scettico sul valore dell'arte moderna, al suo amico Saverio e al professor Bellavista "mentre lavorava in una villa a Torre del Greco, trovò tra le macerie un dipinto bellissimo e si fermò immediatamente. Capì che era qualcosa di valore e chiamò il direttore dei lavori. Embè, quello era un quadro di Luca Giordano. Io mo mi chiedo, se un muratore dell'anno tremila, mentre sta lavorando, dovesse trovare sotto le macerie un'opera di Tom Wesselmann, quello che fa le stanze da bagno e poi i musei gliele espongono, che cosa crederà: di aver trovato un'opera d'arte o nu cess' scassato?"

Il professor Bellavista, che fino a quel momento aveva parlato di Protagora e dell'uomo misura di tutte le cose, dovette ammettere: "Nu cess' scassato, Salvatò. Hai ragione".

La Madonna incinta

Esistono numerose Madonne del Parto. La più famosa è quella di Piero della Francesca. Ora io vorrei spendere due parole su questo pittore nato a Borgo San Sepolcro, in provincia di Arezzo, e morto proprio nel giorno in cui Cristoforo Colombo scoprì l'America, ovvero il 12 ottobre 1492. Oltre a essere un raffinato pittore, Piero della Francesca è stato anche l'artista che con più accanimento di tutti ha studiato la prospettiva e si è servito delle sue regole. Sulla questione scrisse anche dei trattati, tra cui i famosi *De Prospectiva pingendi* e *Libellus de quinque corporibus regularibus*.

La sua *Madonna del Parto* è un affresco che ha una storia alquanto movimentata. Piero lo dipinse in una piccola chiesa di Monterchi, Santa Maria di Momentana, perché proprio in quei giorni era defunta sua madre, originaria di quella zona e quindi riportata al paese natale per i funerali. Siamo probabilmente nel 1459 e Piero della Francesca volle lasciare un segno della sua presenza, quindi realizzò quel famoso affresco dove si vede la Madonna incinta. Ora, che io sappia, nessuno ha mai capito se quell'opera gli sia stata davvero commissionata o se invece sia venuta in mente a lui. Certo è che quando perse la madre sentì subito il bisogno di dedicarle qualcosa.

Ebbene la *Madonna del Parto* di Piero della Francesca ha avuto una vita tormentata anche perché nel corso dei secoli è stata spesso costretta a traslocare. E per un affresco, credetemi, non è poi tanto facile cambiare casa. Siccome al posto della chiesetta si decise di costruire un cimitero, l'affresco fu tolto dalla parete accanto all'altare laterale, dov'era stato realizzato, e posto vicino all'altare maggiore. Poi, dopo il terremoto del 1789, fu addirittura dimenticato. Solo grazie a uno studioso di nome Vincenzo Funghini, sul finire del diciannovesimo secolo ci si accorse che quel dipinto era la celebre *Madonna del Parto*, che da tanti anni tutti ormai consideravano distrutta. Ora, chi volesse vederla da vicino, sappia che si trova in un museo del comune di Monterchi, a circa venti chilometri da Arezzo.

Esistono altri dipinti che raffigurano la Madonna in attesa di partorire. Secondo una tradizione del Trecento, la Madonna incinta aveva nella mano sinistra un libro, l'Antico Testamento, simbolo di Gesù come Verbo Incarnato. Piero, invece, rinuncia al libro sacro e ritrae la sua Madonna con le mani libere, una sul fianco e una sul ventre, attribuendole quindi un'umanità ancora più intensa di quella che i fedeli le riconoscono. In un periodo in cui le eresie erano molto temute dalla Chiesa ufficiale, l'immagine della Madonna incinta era un modo per sottolineare l'umanità di Gesù e per smentire una volta per tutte chi sosteneva invece che la natura di Cristo fosse interamente divina. A questo punto vi informo che la parola "incinta" viene dal latino "incincta" e che vuol dire, in pratica, "senza cinta".

Ora, però, sono costretto ad aggiungere che alla Chiesa Cristiana, dopo il Concilio di Trento, non piacque più che si dipingessero Madonne incinte, perché considerate sacrileghe.

Io credo che pochi sappiano che a Napoli, e per la precisione a Mergellina, esiste una chiesetta chiamata Santa Maria del Parto che ha un ingresso molto particolare. Per entrare all'interno, infatti, bisogna percorrere una scala da cui si accede a un terrazzino privato. Qui, è stato sepolto Jacopo Sannazaro, un grande poeta napoletano del Rinascimento, celebre per avere scritto l'*Arcadia*. Il nome della chiesa, comunque, non è dovuto a un dipinto ma a un poema scritto dallo stesso Sannazaro e che ha per titolo *De partu Virginis*.

Il nome Sannazaro resta per me quello del liceo classico che ho frequentato da giovane e che mi ricorda più di tutti il professor Valenza, il nostro insegnante di filosofia a cui debbo tutto il mio interesse per questa materia. Lui voleva spiegarci i sillogismi di Aristotele e noi, quando eravamo interrogati, facevamo spesso quest'esempio: Socrate fischia, la locomotiva fischia, Socrate è una locomotiva.

Al che Valenza subito ci rimproverava: "Non avete capito niente: un vero sillogismo deve avere sempre una premessa maggiore e una premessa minore. Voi, invece, la premessa maggiore non me l'avete fatta. Ecco come avreste dovuto dire: 'Se tutto ciò che fischia è una locomotiva, e se Socrate fischia, allora anche Socrate è una locomotiva'.".

Allora io ogni tanto gli chiedevo: "Professo', ma esiste almeno una probabilità su cento che Socrate fosse davvero una locomotiva?".

Lui mi rispondeva: "No, non esiste. Però esiste una forte probabilità che tu, De Crescenzo, la filosofia te la porti a ottobre".

MARIA NEL LINGUAGGIO

Non nominare Maria invano

Sono sicuro che la Madonna sappia già tutto quello che sto per dire e che sappia anche perché il suo nome, che sempre sia lodato, apparve un giorno nelle aule di un tribunale di Bologna. Può darsi che qualcuno di voi non se ne ricordi, e io allora mi vedo costretto a raccontarlo di nuovo.

Il fatto avvenne grosso modo così: una mattina il comune di Bologna autorizzò lo spettacolo di un'associazione gay e si accorse solo dopo una settimana che aveva per titolo *La Madonna piange sperma* e che i muri della città erano pieni di manifesti che lo annunciavano. Ovviamente quelli della Chiesa s'indignarono subito e io ho il sospetto che tutto fosse stato organizzato proprio con lo scopo di scandalizzare le autorità ecclesiastiche. Come previsto, infatti, gli organizzatori furono obbligati a togliere subito dalle strade tutti i manifesti e perfino il sindaco di Bologna, malgrado fosse di sinistra si dichiarò contrario alla manifestazione. Ora vediamo cosa successe il giorno dopo.

La tempesta si sarebbe anche placata con la cancellazione dello spettacolo, ma non andò così. Un parlamentare di Forza Italia, non ricordo bene se un certo

Garagni o Garbagni, sostenne che c'era stato vilipendio alla religione e che i responsabili andavano puniti a norma di legge. Diciamo la verità, non era facile per un giudice decidere chi dovesse essere punito, e in che misura. Infatti, in qualunque direzione fosse andato, il suo giudizio avrebbe comunque subito delle critiche, sia da sinistra sia da destra. Detto con altre parole, lui doveva solo scegliere se era meglio beccarsi l'accusa di bigotto o di bestemmiatore.

Il giudice studiò bene i codici e alla fine una soluzione la trovò in una vecchia sentenza della Corte costituzionale, nella quale si stabiliva che la bestemmia è un oltraggio e che perciò va punita come un reato, ma naturalmente solo se è rivolta a una divinità.

A questo punto, prima di processare i colpevoli restava da accertare se la Madonna fosse una divinità. Il giudice si rivolse ai teologi per un parere, e questi gli spiegarono che la Madonna è senza alcun dubbio una figura venerata nella Cristianità, ma che in effetti "tecnicamente non è una divinità". La natura divina, quindi, la possiedono solo Dio, suo figlio Gesù e lo Spirito Santo. Così, la questione legale fu archiviata. Non c'era reato, perché la presunta bestemmia era rivolta alla Madonna e non a un dio.

Non sarà che le nostre leggi in materia sono un po' maschiliste e possiamo bestemmiare le donne quanto ci pare, Madonna compresa? Noi, dee femmine non ne abbiamo, e quelle greche, grazie a Dio, non le abbiamo mai volute venerare. Diciamo la verità, sulle Tavole di Mosè, su cui Nostro Signore aveva impresso i Dieci Comandamenti, c'erano leggi che somigliavano molto alla sentenza di Bologna. Per esempio, quella del secondo comandamento che impone di "non nominare mai il nome di Dio invano".

Io sono sicuro che non c'è un cristiano al mondo che non adori la Madonna o che almeno non abbia rispetto per Lei. Non vi meravigliate, quindi, se vi dico che la madre di Gesù è la santa più amata e bestemmiata del mondo. E non c'è da stupirsene, perché, mentre per Lei abbiamo sempre un grande rispetto, è anche la prima che ci viene in mente quando ci saltano i nervi. Ebbene: fate un esperimento. Pensate alle volte in cui vi arrabbiate, e pensate poi alla persona con la quale ve la prendete. Vi accorgerete subito che spesso è quella a cui volete più bene.

Noi napoletani prendiamo la bestemmia molto sul serio: la pronunciamo molto più raramente di quanto non si faccia in altre regioni. In Toscana, ad esempio, prendersela con i santi è quasi un intercalare. Per i napoletani, invece, quel paio di parole pesanti che oltraggiano la Madonna sono una ribellione ben meditata. Detto in altro modo, a noi del Sud la bestemmia non scappa, e quindi non la si può nemmeno perdonare.

Sono sicuro, per dirne una, che mio padre adorasse la Madonna almeno quanto amava mia madre. le sue, quindi, non potevano essere considerate delle vere bestemmie, ma solo delle esclamazioni: infatti, come usciva dalla sua bocca un "mannaggia" c'era subito un "sempre sia lodato" di mamma, che gli salvava l'anima. Ora, questa abitudine praticata per tanti anni deve avere avuto il suo peso. E questo mi lascia tranquillo. Grazie a mia madre, infatti, so che ora stanno tutti e due in paradiso.

In questi ultimi anni loro si sono sempre informati su di me. Hanno puntualmente chiesto a san Pietro di avvertirli quando lassù si presentava qualche napoletano, in modo da poterlo incontrare e chiedergli notizie sul mio conto.

Una volta i miei genitori hanno conosciuto uno appena arrivato dal Vomero, il quartiere di Napoli dove io ho frequentato il liceo. Quest'uomo ha raccontato loro che non faccio più l'ingegnere, che adesso sono uno scrittore, che faccio il giornalista, il presentatore alla televisione, il regista e l'attore, insomma che mi arrangio. Poi anche lui ha chiesto a mamma e papà qualche informazione sulla vita lassù.

"Sentite, ma qua si vedono i film di Totò?"

"Qua non si vede niente" gli ha risposto mio padre "la televisione non ce l'abbiamo. Se volevate vedere la televisione forse era meglio se andavate all'inferno."

"E ditemi" ha insistito l'uomo "voi che sicuramente conoscete san Pietro: posso chiedergli di andare all'inferno solo qualche volta di sera, per vedere un filmetto ogni tanto?"

"Fossi in voi proverei con la Madonna, Lei non sa dire di no."

Lassa fa 'a Madonna

Quando un napoletano spera in qualcosa d'importante, ma di molto importante, dice sempre: "Fosse 'a Madonna!", ovvero: "Lo volesse il cielo!". Se poi le cose gli andranno davvero bene, il pensiero successivo non potrà che essere un "Lassa fa 'a Madonna!", ovvero un ringraziamento inviato direttamente alla madre di Gesù.

A me accade quando sento un dolore alla schiena o quando avverto altri piccoli fastidi. Ora, però, se mi accorgo che il dolore è un po' diminuito, il mio primo commento non potrà che essere un: "Lassa fa 'a Madonna".

Quando sono arrivato in paradiso mi sono subito guardato intorno e confesso che me lo aspettavo tutto diverso. Me l'avevano sempre descritto come un giardino meraviglioso con tanti fiori e anime in attesa.

Vuoi mettere l'inferno?

Dicevo così ai miei amici quando ancora ero in vita e passeggiavo su e giù per via Scarlatti al Vomero e non avevo nessuna voglia di andare a dormire.

"E tu che ne sai?" mi chiedevano loro.

Ma sì, l'inferno è tutta un'altra cosa. Altro ambiente, al-

tri personaggi: assassini, truffatori, belle donne, ubriaconi, prostitute, tutta gente, insomma, con un passato alle spalle. I beati, invece, diciamo le cose come stanno, sono tristi: cosa ti puoi aspettare da uno che nella vita ha fatto solo il martire o, nel migliore dei casi, la vergine? Fateci caso: sono solo storie dove ci tocca piangere.

Poi, quando in paradiso ci sono finito io, la cosa che mi ha colpito di più è la somiglianza col pianeta Terra. Anzi, a dirla tutta, c'era proprio una somiglianza con Napoli, col quartiere Santa Lucia, quello in cui sono nato.

"Scusi" ho chiesto a un'anima che passava di là "dove ci troviamo?"

"Ma perché, non lo sai?" mi ha risposto l'anima con l'espressione di chi si sente preso un po' in giro. "Qua stiamo in paradiso."

"Sì, lo so che siamo in paradiso. Ma è che mi sembra tanto di stare a Napoli."

"Evidentemente avrai pensato a Napoli. È così che funziona il paradiso: basta pensare a un luogo e quello subito si manifesta."

Ho voluto immediatamente fare una prova: ho pensato a Roma. Non ho fatto in tempo a immaginare la casa in cui ho abitato per tanti anni, ed ecco che in pochi attimi il rione Monti cresceva intorno a me, vedevo nitidamente il mio appartamento e vedevo pure il Colosseo.

"Senta" ho chiesto ancora a quell'anima "e se volessi trovare una persona che m'interessa che debbo fare?"

"Per prima cosa, ti devi trasferire nella città dove l'hai vista l'ultima volta e poi devi pensarla col massimo della concentrazione. Se sta in paradiso, stai sicuro che qua si presenta."

Naturalmente ho pensato a mia madre e a mio padre. Sapevo di trovarli qui e infatti dopo poco mi sono imbattuto in loro. Erano tutti e due molto belli e mi sono sembrati anche più giovani. Ero felicissimo: ho pensato che il paradiso

organizzato in questo modo mi piace molto. Quando immaginavo, senza troppe speranze, che un giorno li avrei rivisti, riuscivo a dirmi soltanto: "Fosse 'a Madonna!".
  Poi è veramente successo. "Lassa fa 'a Madonna!"

I napoletani, a dire la verità, hanno molte espressioni in cui la Madonna è protagonista. Ce n'è una che dice così: "Dio 'o ssape e 'a Madonna 'o vvere". Non è facile da spiegare. Diciamo che indica una situazione difficile che solo Dio conosce e solo la Madonna può vedere, per la quale non è il caso di andarsi a cercare soluzioni ancora più complicate.

A questo punto, però, voglio chiarire una questione. Avrete notato che già nel titolo del libro la parola Madonna è stata scritta con la "d". Possiamo chiamarla scelta classica e qualcuno potrebbe contestarla, ma se fosse Ferdinando Russo fosse ancora in vita non me la contesterebbe. Ai suoi tempi la parola Madonna veniva sempre scritta con la "d" e, infatti, io lascio al poeta la sua "d" quando riporto *'A Madonna d"e mandarine*. È indiscutibile, però, che nel napoletano moderno sia spesso pronunciata con la "r" e, quindi, diventa Maronna. Si tratta di un fenomeno che gli esperti di dialettologia chiamano "rotacismo" e che è presente non solo nel napoletano, ma anche nel sardo e in alcuni dialetti della Liguria e della Sicilia. Ora, io resto alla lingua dei padri e a questo proposito mi tornano in mente quei bellissimi versi di Ignazio Buttitta, grande poeta siciliano del Novecento. Diceva Ignazio:

> Un populu
> diventa poviru e servu
> quannu ci arrobbanu a lingua
> addutata di patri:
> è persu pi sempi.

Ora, però, torniamo ai modi di dire dei napoletani. È inevitabile a questo punto citare Totò, e non il Totò comico ma il Totò poeta. Lui nella famosa *'A livella* mette un verso che ha una curiosa caratteristica, quella di trasformare la parola "Madonna" in un aggettivo che può essere usato anche al maschile. Nella poesia infatti il narratore resta chiuso di notte in un cimitero e si imbatte prima nella tomba di un nobile, poi in quella di uno spazzino. Ebbene:

> Proprio azzeccata 'a tomba 'e stu signore
> nce stava 'n 'ata tomba piccerella,
> abbandunata, senza manco un fiore;
> pe' segno, sulamente 'na crucella.
>
> E ncoppa 'a croce appena se liggeva:
> "Esposito Gennaro – netturbino":
> guardannola, che ppena me faceva
> stu muorto senza manco nu lumino!
>
> Questa è la vita! 'ncapo a me penzavo...
> chi ha avuto tanto e chi nun ave niente!
> Stu povero maronna s'aspettava
> ca pur all'atu munno era pezzente?

Per i non napoletani, scrivo la traduzione degli ultimi due versi:

> Questo povero Madonna (questo pover'uomo) se l'aspettava
> che anche all'altro mondo sarebbe stato un pezzente?

Ma poi Totò chiude la poesia con lo spazzino che dà una grande lezione al nobile.

Perciò, stamme a ssentì, nun fa 'o restivo,
suppuorteme vicino, che te 'mporta?
Sti ppagliacciate 'e ffanno sulo 'e vive:
nuje simmo serie... appartenimmo à morte!

Ci sono, poi, i giuramenti, ai quali i napoletani danno un'importanza, io credo superiore a quella di altri popoli. Per dirla tutta, dalle mie parti se si usano Dio o la Madonna o i santi, il giuramento diventa un obbligo al quale poi è impossibile sottrarsi.

Il 22 febbraio del 1940 Hitler dichiarò guerra alla Francia e all'Inghilterra. Il 6 aprile del '42 l'Italia entrò in guerra e si alleò con la Germania. Il 30 luglio del '43 entrò in guerra la Russia e l'8 marzo del '44 entrarono in guerra gli Stati Uniti. A questo punto Benito Mussolini decise di far partire per il fronte anche i sedicenni. E fu così che il 28 agosto del '44 io, Luciano De Crescenzo di anni sedici e giorni dieci, di animo pacifista, e il mio compagno di banco Esposito Giuseppe di anni diciassette, venimmo convocati a Capodichino. Ci consegnarono le divise e i fucili. VINCERE E VINCEREMO era il nostro motto.

"Peppì" dissi a Giuseppe "ti giuro sulla Madonna che io non ucciderò mai nessuno."

"E come fai?" rispose lui "quelli ti hanno dato pure il fucile."

"Sì, lo so, ma basta mirare un pochino più in alto per stare tranquilli."

"E se loro, i nemici, sparano prima a te?"

"Allora vado in paradiso."

Mi andò bene e mi congedarono subito. Non andai in paradiso e non fui mai costretto a sparare. E così anche il mio giuramento sulla Madonna riuscii a mantenerlo.

Ma ora qualcuno potrebbe chiedermi: "De Crescè, ma qual è adesso il tuo desiderio più importante?".

"L'immortalità."
Un cinese ha detto: "Tre sono i modi per ottenere l'immortalità: avere un figlio, piantare un albero e scrivere un libro". Io ho già una figlia, ho già piantato un albero e per aumentare le probabilità di restare nella memoria spero anche che uno dei miei libri possa essere letto dai posteri. Sono stato alla Biblioteca Nazionale e mi sono visto presente con i quasi quaranta titoli che ho già pubblicato, ciò nonostante non mi fido: una cosa è essere in biblioteca, un'altra è essere letto dai posteri. Allora che fare? I libri della collana "Storia della Filosofia Greca" hanno buone probabilità di farcela: se ne vendono, in media, quarantamila copie l'anno, tutti gli anni, e a comprarli sono sempre gli studenti dei licei. Il libro, però, a cui più tengo (forse l'unico di cui mi vanto) è *Vita di Luciano De Crescenzo scritta da lui medesimo*. Purtroppo, mannaggia 'a morte, ho sbagliato il titolo: troppo autoironico, troppo riduttivo. Si tratta, invece, di un libro "autentico", dove, nel bene e nel male, si rivivono i tempi della guerra e del dopoguerra. Se dipendesse da me, è su questo scritto che vorrei avere "l'ardua sentenza".

'A Madonna v'accumpagna

Vi voglio dire subito che per me questa è una frase bellissima. L'ho sentita pronunciare tanti anni fa mentre ero in compagnia di Totò. Sì, lui, il Principe. È un episodio che in passato mi è capitato di raccontare. Qualcuno forse non lo ricorda, qualcun altro non l'ha mai letto. E comunque, adesso, rapidamente ve lo racconto. Il fatto risale ai tempi in cui frequentavo la facoltà di Ingegneria e una sera ero uscito con alcuni miei compagni di università. Al teatro Politeama c'era uno spettacolo con Totò e così decidemmo di andarci. A spettacolo finito, io e i miei amici ci infilammo di nascosto dietro le quinte per vedere più da vicino il grande Totò. Lui era ancora nel camerino, la porta era aperta e si notava che era stanco, credo che non vedesse l'ora di rientrare a casa. Noi non riuscivamo a stare zitti e lui a un certo punto ci vide. Fece una delle sue espressioni famose e disse:

"Mica state qua per me. Voi siete più interessati alle ballerine, eh?".

Intanto si avviava verso l'uscita del teatro. Noi lo affiancammo e in quel momento la portiera del Politeama salutò Totò:

"Buonasera, Principe. 'A Madonna v'accumpagna".

"Carmelì" rispose Totò "ma secondo te san Giuseppe non si scoccia nu poco se la Madonna tutte le sere accumpagna a me?"

Non dovete pensare che questo modo di dire appartenga ormai al passato, e nemmeno che sia insolito. Al contrario, a Napoli è ancora molto usato. "'A Madonna t'accumpagna" è un'espressione che molti napoletani usano regolarmente per salutare chi sta andando via. Il primo esempio che mi viene in mente è Benedetto Casillo, grande attore e mio caro amico da tanti anni. Non ricordo una sola circostanza in cui io e lui ci siamo incontrati nella quale, al mio consueto: "Ciao, Benedetto, ci vediamo", lui non abbia risposto: "Lucià, statt' buono. 'A Madonna t'accumpagna".

E allora cerchiamo di capire cosa c'è dietro questa espressione e dove nasce. Sembra che in origine sia tutta una questione di luci e di illuminazione pubblica. Adesso vi spiego perché. Torniamo indietro, alla seconda metà del Settecento, al tempo cioè di re Ferdinando IV. Sembra che in quel periodo le forze dell'ordine della città facessero sempre più fatica a contenere la piaga della criminalità. Come vedete, sono molte le cose che si trasformano col passare del tempo, ma alcune hanno la forza di rimanere intatte. Comunque, il re si rese conto che il buio pesto che c'era di notte per le vie di Napoli facilitava il compito dei banditi e perciò decise che bisognava fare luce in città, e che andava creata un'illuminazione artificiale come si deve. Il Segretario di Stato, il marchese Domenico Caracciolo, cominciò col fare installare alcuni lampioni nei pressi di Palazzo Reale e delle strade più importanti della città. Era poca roba, però, un provvedimento del tutto insufficiente che non risolveva il problema. Il fatto è che per realizzare un'opera seria occorrevano soldi e il Regno in quel periodo stava abbastanza inguaiato. Questo lo sapevano anche i cittadini, perciò un domenicano assai abile, padre Gregorio Maria Rocco, andò a corte e presentò al re una proposta: "Maestà, date a me la licenza dell'illuminazione della città. E state tranquillo, non farò spendere alle casse del Regno nemmeno un ducato".

"Padre Rocco" gli rispose re Ferdinando "voglio fidarmi di voi. La richiesta è accordata. Ma mi chiedo che cosa avete in mente."

Don Gregorio Maria Rocco, in effetti, si era fatto venire un'idea geniale. Un po' di tempo prima aveva scovato un bel dipinto della Madonna nei sotterranei del monastero del Santo Spirito, che si trovava nella zona di piazza Plebiscito, allora chiamata Largo Palazzo, aveva ordinato che ne facessero centinaia di copie a colori e che fossero sistemate in tante edicole votive sparse per Napoli. Allora organizzò una specie di gara nei vari quartieri di Napoli.

"O napoletani" disse "la Madonna che sta nella vostra strada è uguale a quella delle altre strade di Napoli. Ora, però, se voi volete veramente bene alla vostra dovete tenerla sempre illuminata."

Insomma, per farla breve, don Gregorio Rocco puntò sull'orgoglio cittadino e vinse la sua battaglia. Non ci fu quartiere che non si impegnò con tutte le sue forze per tenere sempre accese le lampade a olio sistemate ai lati delle Madonne. Senza chiedere nessun finanziamento alle casse del Regno, riuscì a rendere le notti napoletane finalmente più luminose e, quindi, assai meno pericolose per quelli che volevano stare fuori casa anche a tarda sera.

Quelle piccole cappelle votive con l'immagine della Vergine rischiaravano dappertutto la città. Si sentirono più sicure anche madri e mogli di coloro che andavano a lavorare la mattina molto presto, prima che spuntasse il giorno. Accanto alla porta salutavano figli e mariti proprio con quella frase: "Va', 'a Madonna t'accumpagna".

Arnoldo Mondadori Editore S.p.A.

Questo volume è stato stampato
presso Mondadori Printing S.p.A.
Stabilimento Nuova Stampa Mondadori - Cles (TN)

Stampato in Italia - Printed in Italy